本书系下列项目的阶段性成果

2022 年度国家社科基金重大项目"习近平法治思想的原创性贡献及其理论阐释研究"（22&ZD198）；2023 年度北京市社科基金重大项目"在法治轨道上全面建设社会主义现代化国家研究"；中国人民大学习近平新时代中国特色社会主义思想研究工程（22XNQ003）和当代政党研究平台支持项目"加强党对全面依法治国领导研究"；2022 年度研究阐释党的十九届六中全会精神国家社科基金重点项目"完善以宪法为核心的中国特色社会主义法律体系研究"（22AZD059）。

ZAI FAZHI GUIDAO SHANG JIANSHE
ZHONGGUOSHI XIANDAIHUA

在法治轨道上建设
中国式现代化

冯玉军/著

人民出版社

目　录

第一章　迈向中国式现代化的法治道路

在全党全国各族人民迈上全面建设社会主义现代化国家新征程的关键时刻，党的二十大报告原创性地提出"在法治轨道上全面建设社会主义现代化国家"的重大战略和"以中国式现代化全面推进中华民族伟大复兴"的新时代新征程中国共产党的使命任务。全面推进国家各方面工作法治化，把社会主义现代化国家建设全方位深层次纳入中国特色社会主义法治轨道并使之在法治化轨道上科学有序且坚定有力地全面推进，彰显了在党的领导下走中国特色社会主义法治道路的真理力量、实践意义，更加坚定建设中国特

色社会主义法治的道路自信、理论自信、制
度自信、文化自信。

一、新时代全面依法治国的重大意义

法治是人类文明演进的制度成果，是迄今人类为驯服政治国家权力所找到的最有力的武器之一。正是借助于民主和法治，人类政治文明才迈上一个新的台阶。法治也是中国共产党治国理政的基本方式。党对法治的理论认识和实践探索经历了一个不断深化、发展、飞跃的过程：从1921年建党到1949年新中国成立、从1978年党的十一届三中全会提出发展社会主义民主与法制新时期重大方针到2022年党的二十大提出"在法治轨道上全面建设社会主义现代化国家"的新时代重大战略，党领导人民历经百年实现了从人治向法治的历史性转变，从革命根据地法制建设向社会主义法治建设的历史性转变，从依法治国向全面依法治国的历史性转变，从"有法可依、有法必依、执法必严、违法必究"到"全面推进科学立法、严格执法、公正司法、全民守法"的历史性转变，从"形成中国特色社会主义法律体系"到"建设中国特色社会主义法治体系，建设社会主义法治国家"的历史性转变，全面推进依法治国成就巨大，法治中国建设开创崭新局面。

全面依法治国、建设法治中国，是坚持和发展中国特色社会主义的本质要求和重要保障，事关我们党执政兴国，事关人民幸福安康，事关党和国家事业发展，对推动经济持续健康发展、维护社会和谐稳定、实现社会公平正义，实现中华民族伟大复兴，具有高度政治意义、重大现实意义、深远历史意义和广阔世界意义。

一是发展社会主义民主政治，推进中国政治文明，实现社会整体现代化的必由之路。一个国家、一个社会靠什么办法来治理，古往今来众说纷纭，理论和实践当中主要是围绕人治好还是法治好展开争论。人治的典型特征在于统治者个人或者极少数人说了算，这种治理方式除了出错率高之外，往往导致人亡政息、难以为继的情况；法治即依法治理，形式上包括"依法办事"的一整套制度安排及其运行体制机制，实质上强调法律至上、权力制约、保障人权、程序公正和良法善治等价值原则。这两种治国方略的分界线不在于承认不承认法律运行中人的因素，而是当法律与统治者个人意志发生冲突时，是法律高于个人意志，还是个人意志凌驾于法律之上，或者说，是"人依法"还是"法依人"。法治的最大优越性在于能够保持执政理念、路线和方针的连续性、稳定性、权威性，使之不因领导人的改变而改变。在深刻总结国内外经验教训的基础上，习近平总书记指出："人类社会发展的事实证明，依法治理是最可靠、最稳定的治理。"① 从实然的"中国法治"前进到应然的"法治中国"，尽管其面临许许多多的困难与挑战，具体内容也会伴随

---

① 习近平：《在庆祝澳门回归祖国 15 周年大会暨澳门特别行政区第四届政府就职典礼上的讲话》，《人民日报》2014 年 12 月 21 日。

着时代发展而有所增益，但它必然会体现中国特色社会主义的本质要求，体现改革开放和现代化建设的时代要求，体现结构内在统一而又多层次的国情要求，体现继承中国法制文化优秀传统和借鉴人类法制文明成果的文化要求，体现动态、开放、与时俱进的发展要求，体现巩固国家长治久安、确保人民安居乐业、维护社会公平正义、全面建成小康社会的目标要求。

二是全面深化改革，发展社会主义市场经济，加快完善现代市场体系的内在要求。我国宪法法律规定实行以公有制为主体、多种所有制经济共同发展的基本经济制度，确认国有企业是推进现代化、保障人民共同利益的重要力量，要求健全城乡发展一体化体制机制，推进城乡要素平等交换、合理配置和基本公共服务均等化，坚持共享发展，走共同富裕的道路。这些重要的法律制度规定了社会主义经济的发展方向、价值目标、基本政策和利益关系，用法律法规引导和规范改革，用法律确认和巩固改革成果，指引经济建设正确、合法、高效和安全前行。市场经济本质上是法治经济，它要求法律规则具有良好的包容性并得到公开、公正、平等的适用，规范与约束政府行为，保障产权和市场运行安全，保证市场主体平等地位，贯彻诚实信用原则，严格执法、公正司法，有效解决争议，降低交易成本，维护市场秩序。法治不仅是市场经济的内生变量，而且对市场经济的外部条件包括政府权力、社会环境以及文化意识等产生良好作用，不但可以弥补市场失灵的缺陷，也可以为市场经济的发展起到规范、保障、引领、推动等作用。体系化、制度化的法治具有自我推动、自我修复、自我实施等特点，可以持续地为市场经济服务。

三是推进国家治理体系和治理能力现代化，全面建成小康社会，巩固国家长治久安，确保人民安居乐业，维护社会公平正义的制度基石。法治是治理的载体、方式和必备要件，法治所蕴含的良法价值追求与国家治理相得益彰，并在政党、政府、社会治理中发挥着无可替代的重要作用。新形势下，经济社会发展速度与发展水平不断提高，法治进程稳步推进，但也面临着化解社会矛盾、解决社会问题、切实改善民生、确保食品安全、实现教育公平、建设生态文明，全面建成小康社会、实现"两个一百年"奋斗目标，促进经济社会跨越式发展等一系列新任务。克服部门保护主义、地方保护主义、公器私用、以权谋私、贪赃枉法等现象，克服形式主义、官僚主义、享乐主义和奢靡之风，反对特权现象、惩治消极腐败现象等，都需要密织法律之网、强化法治之力。将社会主义核心价值观全面融入法治体系，以法治凝聚改革共识、规范发展行为、促进矛盾化解、保障社会和谐，推进治理水平与大国地位同步提升，改革发展稳定协调并进，实现广大人民群众的新期待、新要求。

四是提升党依法执政能力，巩固党的执政地位的基本途径。坚持党的领导、人民当家作主和依法治国有机统一的基本原则，把全面从严治党与全面深化改革、全面依法治国有机结合起来，完善治理体系、提高治理能力，坚定中国特色社会主义道路自信、理论自信、制度自信、文化自信。依法执政不是弱化党的领导，而是通过建设政党法治，更好地夯实执政基础、拓宽执政渠道、转变执政方式、提升执政水平，保证执政党长期稳定执政。党和国家的治理体系包括两个方面：一是依规治党，坚持纪严于法、纪在法前，实现纪法分开，以党章党规为尺子，靠严明的纪律管全党治全党；二是依法治国，依据宪法法律法规治国理政。确保党的政策与国家法律统一正确地实施，体现依规治党和依法治国有机统一。

五是增强中国在全球治理中的法治话语权，实现中华民族伟大复兴中国梦的根本保障。"国无常强，无常弱。奉法者强则国强，奉法者弱则国弱。"①从历史和国际的视角看，中国梦、强国梦、法治梦一脉相承。全面依法治国将法治置于全球化大背景下进行思考与谋划，通观全局、气势恢宏，是把中国文化、中国经验、中国模式推向世界，增强中国在国际社会的话语权和影响力，提升中国文化软实力的内在要求。王安石说过："立善法于天下，则天下治；立善法于一国，则一国治。"②新征程上，建成法治中国，使之既体现人类民主法治普世价值，又具有中国历史文化特色，既体现"良法"品格，又涵摄"善治"精髓，实现国家治理的现代化、法治化，非常重要。当今世界的竞争，关键是法治制度与规则制定权以及话语主导权的竞争。通过把握国际国内两个法治建设大局，全方位参与和引导全球治理，是中国为国际社会信赖、人民向往，具有高度先进性和文明性，成为中华民族在国家竞争中立于不败之地、傲然屹立于世界民族之林的必然选择。

---

① 《韩非子·有度》。

② 王安石：《周公》。

二、中国特色社会主义法治道路的形成和发展

（一）全面推进依法治国必须走对路

"为国也，观俗立法则治，察国事本则宜。"① 走什么样的法治道路、建设什么样的法治体系，是由一个国家的基本国情决定的。正确的法治道路书上抄不来，别人送不来，只能靠自己走出来。中国特色社会主义法治道路，是中国特色社会主义道路在法治领域的具体体现，是我国社会主义法治建设成就和经验的集中体现，是唯一正确的道路。在坚持和拓展中国特色社会主义法治道路这个根本问题上，我们要树立自信、保持定力。走好这条道路，必须从我国实际出发，同推进国家治理体系和治理能力现代化相适应，突出中国特色、实践特色、时代特色，既不能罔顾国情、超越阶段，也不能因循守旧、墨守成规。要学习借鉴世界上优秀的法治文明成果，但必须坚持以我为主、为我所用，认真鉴别、合理吸收，不能搞"全盘西化"，不能搞"全面移植"，不能照搬照抄。坚定不移走中国特色社会主义法治道路，关键是坚持党的全面领导，坚持中国特色社会主义制度，贯彻中国特色社会主义法治理论。这三个方面实质上是中国特色社会主义法治道路的核心要义，规定和确保了中国特色社会主义法治体系的制度属性和前进方向。

在党的领导下走中国特色社会主义法治道路，是在五千多年中华

---

① 《商君书·算地》。

文明深厚基础上开辟和发展中国特色社会主义，把马克思主义法学基本原理同中国具体实际、同中华优秀传统法律文化相结合的必由之路，是我国社会主义法治建设不断取得成功的最大法宝。在党的领导下走中国特色社会主义法治道路，既是对过去法治建设经验的深刻总结，又是对未来法治建设目标的科学定位；既尊重法治发展的普遍规律，又联系现实国情民意；是世界法治一般原理与中国法治实践紧密结合后，在法治道路、法治理论、法治制度上进行创造性转换的产物。在党的领导下走中国特色社会主义法治道路，特别强调解决中国当下的现实问题，深刻理解中国国情的问题意识与主体性，坚持依法治国和以德治国相结合，坚持国法和党规相结合，强调法治现代化建设的中国模式和中国经验，对打造中国法治模式、坚持中国法治道路、增强中华民族向心力凝聚力、开创中国法治建设新局面意义深远。

要深刻领会中国特色社会主义法治道路的深刻内涵，首先必须站在历史的高度全面分析这条道路是如何形成的，它反映和顺应了什么样的历史必然性和客观规律性。谈及指明全面推进依法治国的正确方向，统一全党全国各族人民认识和行动的意义，习近平总书记指出："一个政党执政，最怕的是在重大问题上态度不坚定，结果社会上对有关问题沸沸扬扬、莫衷一是，别有用心的人趁机煽风点火、蛊惑搅和，最终没有不出事的！所以，道路问题不能含糊，必须向全社会释放正确而又明确的信号。"[1]坚持和拓展中国特色社会主义法治道路是

① 《习近平谈治国理政》第二卷，外文出版社 2017 年版，第 113 页。

一个深入探索和不断实践的过程，但基本的东西必须长期坚持，不能动摇。动摇了，就会迷失方向、失去特色，路就会走错。

习近平总书记指出，法治当中有政治，没有脱离政治的法治。每一种法治形态背后都有一套政治理论，每一种法治模式当中都有一种政治逻辑，每一条法治道路底下都有一种政治立场。① 我们要坚持的中国特色社会主义法治道路，本质上是中国特色社会主义道路在法治领域的具体体现；我们要发展的中国特色社会主义法治理论，本质上是中国特色社会主义理论体系在法治问题上的理论成果；我们要建设的中国特色社会主义法治体系，本质上是中国特色社会主义制度的法律表现形式。

道路问题关系全局、决定成败。习近平总书记指出："全面推进依法治国，必须走对路。如果路走错了，南辕北辙了，那再提什么要求和举措也都没有意义了。全会决定有一条贯穿全篇的红线，这就是坚持和拓展中国特色社会主义法治道路。中国特色社会主义法治道路是一个管总的东西。具体讲我国法治建设的成就，大大小小可以列举出十几条、几十条，但归结起来就是开辟了中国特色社会主义法治道路这一条。"②

改革开放以来，我们党带领中国人民历经曲折，走出了一条中国特色社会主义法治道路。中国特色社会主义法治道路，是对中国革

① 参见中共中央文献研究室编：《习近平关于全面依法治国论述摘编》，中央文献出版社 2015 年版，第 34 页。

② 中共中央文献研究室编：《习近平关于全面依法治国论述摘编》，中央文献出版社 2015 年版，第 26 页。

命、建设、改革实践正反两方面经验教训进行总结而得出的必然结论，是建设社会主义法治国家的唯一正确道路。迈向法治中国，必须坚定不移沿着这条道路走下去，在党的领导下，扎根中国国情，深入推进依法治国实践，更好地维护人民权益、维护社会公平正义、维护国家安全稳定。

世界近现代史大致向人们展示了四种类型的法治道路。从时间顺序上看，第一种是西方国家自发演进式的法治道路，特点是时间漫长、社会成本过高，最终在制度层面上形成了以"宪政""三权鼎立"和"司法独立"为主要内容的西方法治模式，实质是资本的力量主导社会政治法律生活。第二种是一些殖民地国家的法律殖民化道路，这些国家被迫接受殖民地宗主国的法律制度和法律文化，这是国家主权丧失的历史结果。第三种是发展中国家法律移植的道路，特点是照搬模仿西方国家的法律制度，试图短期内实现包括法治在内的社会现代化，其中多数发展中国家没有处理好现代化进程中的各种关系，包括法治与本国国情的关系、法治与社会政治稳定的关系、法治与经济发展的关系，法治发展往往陷于停滞甚至归于失败。第四种是原有社会主义国家苏联模式下的法治道路，主要指苏联、东欧社会主义国家在计划经济体制下的社会主义法治道路，以苏联解体、东欧剧变而告终。

国情不同，道路自然不同。我们国家是中国共产党执政，各民主党派参政，没有反对党，不是三权鼎立、多党轮流坐庄，我国法治体系要跟这个制度相配套。走适合自己的法治道路，决不能照搬别国模式和做法，决不能走西方"宪政""三权鼎立""司法独立"的路子。展望未来法治建设，我们既不走封闭僵化的老路，也不走改旗易帜的邪路，更不能重蹈有些发展中国家盲从跟风导致法治发展失败的路子。

（二）党领导法治建设百年历程的简要回顾

中国共产党自成立以来，团结带领人民，始终坚持把马克思主义基本原理同中国具体实际相结合，始终坚持民主建政、依法办事的路线方针政策，经过新民主主义革命时期、社会主义革命和建设时期、改革开放和社会主义现代化建设新时期、中国特色社会主义新时代的探索实践，深刻总结国内外各国国家和法律制度建设的正反两方面经验，最终走上中国特色社会主义法治道路，形成中国特色社会主义法律制度和法治理论，加强和完善国家治理，助推中国特色社会主义事业取得历史性成就。

1. 新民主主义法制探索时期（1921—1949 年）

从 1921 年建党到红色根据地建立，中国共产党人的民主法制思想逐步得以实施。各个阶段的革命政权颁布了大量有关土地、婚姻、契约、刑法以及司法制度的法律文件。在根本大法方面，1931 年 11 月，《中华苏维埃共和国宪法大纲》在江西瑞金由中华苏维埃第一次全国代表大会通过，这是中国第一部反映劳动人民当家作主、参加国家管理的宪法性文件，为后来建立革命政权和法制建设提供了经验；1941 年 11 月，《陕甘宁边区施政纲领》由陕甘宁边区第二届参议会通过，成为抗日战争时期陕甘宁边区的宪法性文件；1946 年 4 月，《陕甘宁边区宪法原则》由陕甘宁边区第三届参议会通过，成为解放战争时期指导陕甘宁边区政权建设的宪法性文件。1949 年 9 月召开的中国人民政治协商会议通过《中国人民政治协商会议共同纲领》，确立了新的国家政权与人民解放事业的伟大成果。这些法治实践，为建立和巩固新民主主义革命胜利成果奠定了牢固的制度基础。

2. 新中国社会主义法制初创和曲折发展时期（1949—1978 年）

新中国成立后，我们党在废除旧法统的同时，积极运用新民主主义革命时期根据地法制建设的成功经验，先后制定和实施了有关惩治反革命罪、贪污罪等刑事法律法规，有关婚姻家庭、土地改革、公私合营、农业生产合作社等民事经济法律法规，有关法院、检察院和人民调解委员会组织条例，有关刑事拘留逮捕与审判程序的法律法规。新设了各类法学教育机构，培养新中国发展所需要的新型法律人才。1954 年 9 月，第一届全国人民代表大会第一次会议制定了《中华人民共和国宪法》，以及《全国人民代表大会组织法》《国务院组织法》《人民法院组织法》《人民检察院组织法》《地方各级人民代表大会和地方各级人民委员会组织法》等，确立了社会主义中国的基本政治制度、经济制度、立法体制、司法制度以及社会主义法制基本原则。1956 年 9 月，党的八大提出要系统制定比较完备的法律，健全国家法制。这成为社会主义法治道路探索与实践的重要里程碑。

1957 年后，随着反右扩大化，特别是"文化大革命"十年，党在指导思想上发生"左"的错误，使民主法制遭到彻底破坏。"无法无天""彻底砸烂公检法""造反有理、革命无罪"等成为这一时期民主法制状况的代名词。以大规模疾风暴雨式的群众运动取代依法办事，肆意践踏人权、大搞个人崇拜和政治"一言堂"，其实质则是既无民主又无法制，付出了沉重代价，教训十分惨痛。

3.改革开放以来民主法制恢复和快速发展时期（1978—2011年）

党的十一届三中全会在治国理政的指导思想上"拨乱反正"，提出发扬社会主义民主，健全社会主义法制。实现了从"人治"到法制的第一次飞跃。1981年6月召开的十一届六中全会通过了《关于建国以来党的若干历史问题的决议》，强调要把逐步建设高度民主的社会主义政治制度作为社会主义革命的根本任务之一，根据民主集中制的原则加强各级国家机关的建设，使各级人民代表大会及其常设机构成为有权威的人民权力机关，在基层政权和基层社会生活中逐步实现人民的直接民主，完善国家的宪法和法律并使之成为任何人都必须严格遵守的不可侵犯的力量，使社会主义法制成为维护人民权利，保障生产秩序、工作秩序、生活秩序，制裁犯罪行为，打击阶级敌人破坏活动的强大武器。"有法可依、有法必依、执法必严、违法必究"成为新时期法制建设的基本方针，实现了从"阶级斗争为纲"向社会主义法制建设的伟大转折。这个时期，以颁布1982年《宪法》和《民法通则》《刑法》《刑事诉讼法》等一系列重要法律为标志，推进民主与法制进步，维护社会管理秩序，保障基本人权和民主，确定建立社会主义市场经济法律体系的战略取向，初步实现了社会治理的法律化、制度化。

1997年召开的党的十五大明确提出"依法治国，建设社会主义法治国家"的治国方略，这个治国方略随即载入1999年九届全国人大二次会议通过的宪法修正案当中。2001年我国加入世界贸易组织，开启了全球化条件下深层次法治改革。法治的地位和作用得到空前重视，法律价值成为国民精神和国家形象的重要元素，法律权威日益受到执政党和国家机关的维护和尊重，法律宣传和普及水平日益提升，法学教育和法律研究日益繁荣，实现了从"法制"到"法治"的第二次飞跃。

4. 全面推进依法治国、加快建设法治中国时期（2012—2049 年）

党的十八大作出"全面推进依法治国，加快建设社会主义法治国家"的战略部署。党的十八届三中全会将"完善和发展中国特色社会主义制度，推进国家治理体系和治理能力现代化"作为全面深化改革的总目标，强调"必须坚持依法治国、依法执政、依法行政共同推进，坚持法治国家、法治政府、法治社会一体建设。深化司法体制改革，加快建设公正高效权威的社会主义司法制度，维护人民权益，让人民群众在每一个司法案件中都感受到公平正义"等新理念新举措，对"推进建设法治中国"新模式新道路意义深远。党的十八届四中全会确立了"建设中国特色社会主义法治体系，建设社会主义法治国家"的战略目标，系统提出全面推进依法治国的基本原则、工作布局和重点任务，阐述了中国特色社会主义法治道路的核心要义，回答了党的领导与依法治国的关系等重大问题，按下了全面依法治国的"快进键"，实现了中国社会主义法治建设的第三次飞跃。

党的十九大从理论和实践结合上系统回答了新时代坚持和发展中国特色社会主义的总目标、总任务、总体布局、战略布局、发展方向、发展方式、发展动力、战略步骤、外部条件、政治保证等基本问题，创造性地提出习近平新时代中国特色社会主义思想，作出"全面依法治国是国家治理的一场深刻革命"的重要论断，擘画了全面依法治国的时间表和路线图，指明了战略发展方向。党的十九届三中全会审议通过《中共中央关于深化党和国家机构改革的决定》，着力构建系统完备、科学规范、运行高效的党和国家机构职能体系；十三届全国人大一次会议高票通过了新时代首次宪法修正案，完善了依法治国和宪法实施举措，充实了坚持和加强中国共产党全面领导的内容，调整了国家主席任职方面的规定，增加了有关监察委员会的各项规定，实现了现行宪法的又一次与时俱进和完善发展。党的十九届四中全会审议通过的《中共中央关于坚持和完善中国特色社会主义制度、推进国家治理体系和治理能力现代化若干重大问题的决定》，全面系统深入地阐述了中国特色社会主义制度所具有的显著优势，为最终形成并始终坚持习近平法治思想，坚持全面依法治国，坚定"四个自信"，奋力推进中国特色社会主义伟大事业提供了制度依据和可靠保障。党的十九届六中全会审议通过的《中共中央关于党的百年奋斗重大成就和历史经验的决议》总结出十条宝贵的历史经验，使我们更加深刻地认识到坚持和加强党对全面依法治国领导、坚持人民至上落实法治为民、坚持中国道路推进全面依法治国、坚持胸怀天下推进涉外法治建设的必然性和重要性。2020 年举行的中央全面依法治国工作会议确立了内涵丰富、论述深刻、逻辑严密、系统完备的习近平法治思想，全面总结了党领导人民进行法治建设的实践经验，以新的视野、新的思维科学把握了社会主义法治建设规律，深刻揭示了社会主义法治建设在坚持党的领导、保证人民当家作主、维护社会公平正义和推进国家治理现代化等方面的核心优势，展示了社会主义法治的大视野、大格局、大蓝图，使中国特色社会主义法治理论不断纵深化发展、体系化创新，是全面依法治国的根本遵循和行动纲领。

党的二十大对"更好发挥法治固根本、稳预期、利长远的保障作用，在法治轨道上全面建设社会主义现代化国家""全面推进国家各方面工作法治化"作了专章论述和重大决策部署。思想上拓展了在中国特色社会主义法治道路上全面推进依法治国、加快建设法治中国的广阔空间，理论上廓清了全面依法治国与全面建设社会主义现代化国家之间的关系。对坚持以习近平法治思想为指引，建设更高水平的法治中国具有重大实践引领和理论研究价值。党的二十大还把"走中国特色社会主义法治道路"写入党章，有利于坚定全党全社会的中国特色社会主义法治道路自信，推动在法治轨道上全面建设社会主义现代化国家。

三、中国特色社会主义法治道路的经验和特点

总结党在各个历史阶段领导法治建设的经验教训，可以发现，探索中国特色社会主义法治道路经历了一个艰难曲折的过程，背负着数千年"人治"传统和现实困难，要实现人类法治发展的普遍规律和中国国情以及中华民族法律传统相结合，实属不易。习近平总书记指出："中国特色社会主义法治道路，是社会主义法治建设成就和经验的集中体现，是建设社会主义法治国家的唯一正确道路。在走什么样的法治道路问题上，必须向全社会释放正确而明确的信号，指明全面推进依法治国的正确方向，统一全党全国各族人民认识和行动。"[1]

---

[1] 《中共中央关于全面推进依法治国若干重大问题的决定》，人民出版社 2014 年版，第 50 页。

（一）在历史坐标认识中国特色社会主义法治道路

把握事物的历史，才能更好地把握事物的本质。放眼五千年，中华民族能够在东方这片广袤的土地上生生不息，铸就光辉灿烂的中华文明，并不是历史的偶然。在历史中孕育生长的中华优秀传统文化，为中华民族发展壮大提供了丰厚滋养，是中国特色社会主义法治道路植根的文化沃土。习近平总书记强调："我们有我们的历史文化，有我们的体制机制，有我们的国情，我们的国家治理有其他国家不可比拟的特殊性和复杂性，也有我们自己长期积累的经验和优势，不能妄自菲薄，也不能数典忘祖。"[①] 全面依法治国，吸收人类文明有益成果，不是要抛弃历史传统、割断文化血脉，而是要把握长期形成的历史传承，把握走过的发展道路、积累的政治经验、形成的政治原则，推动中华文明发展到新的更高水平。从这个意义上说，中国特色社会主义法治道路是五千年中华文明的制度新篇，是对中华文明治国之道的历史传承和创新发展。

要挖掘和传承中华法律文化精华，汲取营养、择善而用。自古以来，我国形成了世界法制史上独树一帜的中华法系，积淀了深厚的法律文化。中华法系形成于秦朝，到隋唐时期逐步成熟，《唐律疏议》是代表性的法典，清末以后中华法系影响日渐衰微。与大陆法系、英美法系、伊斯兰法系等不同，中华法系是在我国特定历史条件下形成的，显示了中华民族的伟大创造力和中华法制文明的深厚底蕴。中华

---

① 习近平：《论坚持全面依法治国》，中央文献出版社 2020 年版，第 176 页。

法系凝聚了中华民族的精神和智慧，有很多优秀的思想和理念值得传承。出礼入刑、隆礼重法的治国策略，民惟邦本、本固邦宁的民本理念，天下无讼、以和为贵的价值追求，德主刑辅、明德慎罚的慎刑思想，援法断罪、罚当其罪的平等观念，保护鳏寡孤独、老幼妇残的恤刑原则，等等，都彰显了中华优秀传统法律文化的智慧。

中华传统法律文化还有以下几个主要特点：一是法律包容性大，体制稳定性强。我国是一个统一的多民族国家，法律文化为五十六个民族共同创造。在发展进程中，各民族既有主动借鉴，也有相互征服。无论何种方式都为法律文化交流提供了条件。我国古代法律制度的发展历程，决定了其法律文化的包容性，也使之具有较强的稳定性。中国古代法律文化广泛吸收不同民族的法律文化，却能保持其基本特质。这种特质产生的凝聚力和"法与时转，制与世宜"的历史观，既促进了民族团结和国家稳定，又为法律治理与时偕行提供了思想基础。二是礼刑相辅相成，儒法会通合流。封建社会中，"德礼为政教之本，刑罚为政教之用，犹昏晓阳秋相须而成者也"。礼有治国、理家、律己的功能，礼刑结合、儒法会通，是中国古代社会长治久安所需。三是强化伦理道德，维护宗法制度。即以嫡长子为中心、以血缘关系为纽带形成的宗法制度，同尊尊、亲亲的伦理道德关系以及法律制度结成一体，共同维护既有家庭秩序、社会关系与政权统治。四是皇帝总揽大权，行政干预司法。从秦始皇到清宣统，皇帝作为古代封建统治制度的重要组成部分，其权力之大，延续时间之长，为世界仅见。王朝虽屡经变换，但皇帝集立法、行政、司法大权于一身的状况终无变化。五是刑罚手段严酷，定罪讲究规格。刑罚固然残酷，死刑尽管种类繁多，但审理时比较讲究规格，适用还是慎重的。六是争纷调处解决，以求息讼和睦。在官府的大力支持下，普遍盛行宗族调解、相邻亲友调解、基层邻保调解和县州府调解。这说明调处解决纷争，既有群众基础也是官府需要，朝廷圣谕、乡规民约和家族法成为我国古代社会解决大量民事和轻微刑事案件之重要途径。

而就占据主流思想地位的儒家传统对法律文化的影响而言，大体又表现出以下基本特征：一是"出礼入刑""德主刑辅"的国家治理模式；二是以和为贵、追求和谐的精神价值；三是人为贬抑诉讼、追求无讼的司法原则；四是"天理""国法""人情"相结合、注重调解的纠纷解决模式；五是树立严格执法、道德清廉的清官典型示范；六是体恤民情、谨慎刑罚的人性化法律制度。总之，中国传统社会注重"大一统"的国家治理，要求上下一致、内外和谐、宽严相济，形成"统而有序"的法律文化体系。

近代以后，不少人试图在中国照搬西方法治模式，但最终都归于失败。从近代以来的革命历史来看，实现中华民族伟大复兴是近代以来中华民族最伟大的梦想。我们从贫穷落后、受欺挨打到实现国家富强、民族复兴，其中的一个关键环节就是中国共产党将马克思主义基本原理同中国具体实际相结合，走出中国特色社会主义道路。中国特色社会主义法治道路是中国特色社会主义道路的重要组成，是伟大社会革命的历史产物和法治表达，也是伟大社会革命的继续展开。再回望70余年新中国发展历史，从1949年新中国成立，我们就开启了对社会主义法制的探索。我们党带领人民制定"五四宪法"，把中国人民的革命成果和走社会主义道路的发展方向以宪法的形式确定下来。

改革开放是决定当代中国命运的关键一招。在改革开放的历史进程中，社会主义法治建设阔步前进。从党的十一届三中全会到党的二十大，党领导人民坚定不移地走中国特色社会主义法治道路，坚定不移地在法治轨道上推进经济社会发展，坚持以马克思主义为指导，完善以宪法为核心的中国特色社会主义法律体系，发展中国特色社会主义法治理论，实现了从人治到法治、从强调专政统治到"建设中国特色社会主义法治体系，建设社会主义法治国家"的重大转变，全面依法治国取得重大成就。改革开放 40 多年，就是中国特色社会主义法治道路在实践中不断丰富发展、越走越宽广的 40 多年。

从上述历史坐标观察，作为一个东方文明古国和人民当家作主的社会主义国家，中国只能走共产党自上而下的领导与人民群众自下而上的推动相结合的、自主构建型的法治道路。这是一条植根于中国社会土壤，传承于五千年中华文明，萌芽于革命根据地时期、确立于新中国建设时期、完整展现于改革开放时代、指向全面建成社会主义法治国家目标的法治道路。这是一条以社会公平正义为价值取向、以依法治国和以德治国相结合为特点的法治道路。这是一条法治与经济社会协调发展、承载着全面实现社会主义现代化和中华民族伟大复兴使命的法治道路。

（二）从世界方位把握中国特色社会主义法治道路

从人类法治文明发展的世界图景看，在不同的社会历史条件下，法律制度的生成和运作模式表现出显著区别。世界上没有一种一成不变的法治道路可以引导所有民族实现法治现代化，法治模式也不可能定于一尊，法治形态的多样性是法治理论的一个重要原理，也是当今世界的普遍现实。由于各个国家和地区不同的文化传统、国情特点、制度形式与历史发展道路的差异，究竟通过哪种途径来实现法治、法治的具体制度如何安排等，并没有统一的建构模式、实现机制和评价标准。

18、19 世纪，西方国家在科学技术、组织制度等方面进行大幅度创新，带来财富与信心的巨大增长。西方文明借此竭力证明自身的卓越，而其他文明的价值却被低估或误读。一些西方学者认为，西方法治现代化取得的成功经验，不但体现了西方法律制度天然的原创性、优越性，而且证明了它是一种发达、管用的法律制度，放之四海而皆准。也确实有不少国家，试图复制西方国家现代化模式，但却并未走上发达道路，最终导致国家分裂动荡、民生凋敝的不在少数。从如此吊诡复杂的实践中人们才恍然大悟，发展中国家照搬西方制度并不能带来社会繁荣，西方社会实现现代化乃是多种因素综合而成的结果，绝不是单纯依靠其"平等、自由、博爱"的法治模式。这种西方中心主义的法治文明观，是西方在唯我独尊的偏见之下持续编造的神话，深刻反映了国际政治经济旧秩序的不平等和对其他国家资源的剥夺和基本人权的破坏。

根本来看，法治模式与一个国家的国情相适应，是一个国家面对自身社会发展需求形成的具体制度文明。历史和现实中的文化传统和社会环境等因素共同作用造就了各国不同的法治模式。回顾数百年英国"法律至上"法治模式形成发展的历史进程，其主要理念和特点是：建立议会主权，施行虚位君主制；一切政府权力与普通公民均服从法律，并同样在法院接受裁判；宪法法律并非抽象的宣言，而是在法院被使用的过程中所产生的结果，且权利均能得到救济。法国"公选公决"法治模式的特点是：确立了形式上的法律中心主义；实行司法双轨制，司法机关分为普通法院和行政法院两套系统，行政法院规范行政权力；确立了合宪性审查制度，但宪法委员会和行政法院、最高法院的合宪性审查形式大于内容。近代以降的德国经历了自由法治国、形式法治国和社会法治国的转变过程，其合理要素是：借助法治及其技术系统赋予现行统治以合法性，确保统治者自身也在法律约束之中。美国的"宪政分权"法治模式同20世纪以来"美国霸权"密不可分，其特点是：制宪行宪，确保联邦和各州的法治统一；主权在民，联邦间选、各州直选；权力分立制衡，纵向—联邦与地方对等分权，横向—立法、行政和司法三权制衡；违宪审查，普通法院维护公民宪法权利。美国人这套实体与程序兼备的法律制度和实践体系看上去很美，但其主要问题在于：对内民主自由，对外强权政治；司法中心主义和违宪审查在实践中也有不少缺陷，各类冤假错案的发生率不低；民主自由过于注重形式和程序，容易被垄断资本家与权贵阶层控制和利用。

从近代以来的历史看，即使在西方，不同国家在发展过程中，尽管都为了实现资本主义经济发展和权力分配运转，也还是产生了各不相同的法治模式，在制度设计、理论支撑、运行机制等方面差别很大，甚至相互批评。比如，英国人曾批评法国在行政系统而不是司法系统内设立行政法院是偏袒行政权，法国人也批评过美国让几名法官推翻议会立法是法律精英的统治而不是民主统治。再从已经实现现代化国家的发展历程看，像英国、美国、法国等西方国家，呈现出来的主要是自下而上社会演进模式，即适应市场经济和现代化发展需要，经过一二百年乃至二三百年内生演化，逐步实现法治化，政府对法治的推动作用相对较小。像新加坡、韩国、日本等国家，呈现出来的主要是政府自上而下在几十年时间快速推动法治化，政府对法治的推动作用很大。

中国的法治建设旨在解决自身法治实践中的问题，从而展现出中国风格和中国特色。但坚持从我国实际出发，不等于关起门来搞法治。法治是人类文明的重要成果之一，法治的精髓和要旨对于各国国家治理和社会治理具有普遍意义，要学习借鉴世界上优秀的法治文明成果。但是，学习借鉴不等于是简单的拿来主义，基本的东西必须是我们自己的，我们只能走自己的道路。必须坚持以我为主、为我所用，认真鉴别、合理吸收，不能搞"全盘西化"，不能搞"全面移植"，不能囫囵吞枣、照搬照抄，否则必然水土不服。在这个问题上，我们要有底气、有自信，要努力以中国智慧、中国实践为世界法治文明建设作出贡献。

（三）从时代特征定位中国特色社会主义法治道路

党的二十大从全球大视野和中国大历史出发，透彻分析了当前国际国内形势的深刻变化，作出了"世界之变、时代之变、历史之变正以前所未有的方式展开""我国发展进入战略机遇和风险挑战并存、不确定难预料因素增多的时期"等一系列重要判断，明确了中国特色社会主义法治道路所处的新方位新阶段。具体可概括为六个"历史性"。一是两个百年奋斗目标的历史性交替期。面对中国现代化建设阶段之变，中国法治应及时回应新时代新征程各种新兴法治问题，深入推进法治理论创新、实践创新、制度创新，为全面建设社会主义现代化国家提供有力法治保障。二是社会主要矛盾的历史性变化期。面对社会主要矛盾之变，中国法治应聚焦人民群众的美好生活需要，推出更多解民忧、谋民利、护民权、惠民生、保民安的制度举措，以良法善治增强人民群众获得感、幸福感、安全感。三是中国发展模式的历史性转型期。面对中国发展模式之变，中国法治应加快推动法治供给侧结构性改革，全方位提高立法、执法、司法质量，以高质量法治促进高质量发展。四是现代科学技术的历史性变革期。面对新一轮科技革命和产业变革，中国法治应把握历史性机遇，及时加强法律制度的供给，加快法治领域的科技应用，把科技伟力转化为法治伟力，构建网络化、数字化、智能化的法治文明新形态。五是世界百年未有的历史性变局期。面对世界百年未有之大变局，中国法治应站在世界历史和全球思维的高度，及时回应世界之变带来的全球法治问题，为发展中国家法治现代化提供中国经验，为世界法治文明格局发展提出中国主张，为人类政治文明进步奉献中国智慧，为全球治理体系变革贡献中国力量。六是社会主义法治的历史性跨越期。在新时代新征程上，中国特色社会主义法治已进入系统推进、攻坚克难、提质增效的新阶段。立法上的要求，已不只是有没有、多不多的问题，而是好不好、管不管用、有没有效的问题，提高立法质量和效率成为当务之急；执法上的要求，已不只是严格执法、公正执法，还追求执法文明化、柔性化、人性化；司法上的要求，已不只是程序公正、实体公正，还追求更可接近、更加透明、更能感知、更有温度的司法公正；守法上的要求，已不只是行为合乎法律规定，而是做到尊法、信法、守法、用法、护法；对公共法律服务的要求，已不只是有人提供法律服务，而是提供更高质量、更加便捷、更为精准的法律服务。

四、中国特色社会主义法治道路的核心要义

习近平总书记指出："全面推进依法治国这件大事能不能办好，最关键的是方向是不是正确、政治保证是不是坚强有力，具体讲就是要坚持党的领导，坚持中国特色社会主义制度，贯彻中国特色社会主义法治理论。"[①]这三个方面是中国特色社会主义法治道路的核心要义，规定和确保了中国特色社会主义法治体系的本质属性和前进方向。

（一）坚持党的领导

党政军民学、东西南北中，党是领导一切的。这是近代以来中国人民长期奋斗历史逻辑、理论逻辑、实践逻辑的必然结果和基本经验。中国共产党的领导是中国特色社会主义最本质的特征，是社会主义法治最根本的保证，是社会主义法治之魂。坚持中国特色社会主义法治道路，最根本的是坚持党的领导。全面依法治国要加强和改善党

---

① 《中共中央关于全面推进依法治国若干重大问题的决定》，人民出版社 2014 年版，第 48—49 页。

的领导，健全党领导全面依法治国的制度和工作机制，推进党的领导制度化、法治化，通过法治保障党的路线方针政策有效实施。把党的领导贯彻到依法治国全过程和各方面，是我国社会主义法治建设的一条基本经验。

党对全面依法治国的领导，"不是历史的偶遇，而是实践必然性、时代现实性和法理正当性的逻辑连接，我们在任何时候都不能否认、不能放弃、不能置疑"①。习近平总书记强调，"全面推进依法治国这件大事能不能办好，最关键的是方向是不是正确、政治保证是不是坚强有力，具体讲就是要坚持党的领导"。习近平总书记指出："党和法的关系是一个根本问题，处理得好，则法治兴、党兴、国家兴；处理得不好，则法治衰、党衰、国家衰。"②全面依法治国绝不是要削弱党的领导，而是要加强和完善党的领导，不断提高党领导依法治国的能力和水平，巩固党的执政地位。"我们必须牢记，党的领导是中国特色社会主义法治之魂，是我们的法治同西方资本主义国家的法治最大的区别。离开了中国共产党的领导，中国特色社会主义法治体系、社会主义法治国家就建不起来。"③必须推进党的领导制度化、法治化，不断完善党的领导体制和工作机制，坚持以法治的理念、法治的体制、法治的程序实行党的领导，推进依法执政制度化、规范化、程序化。

---

① 张文显：《习近平法治思想的基本精神和核心要义》，《东方法学》2021年第1期。

② 中共中央文献研究室编：《习近平关于全面依法治国论述摘编》，中央文献出版社2015年版，第22—23、33页。

③ 中共中央文献研究室编：《习近平关于全面依法治国论述摘编》，中央文献出版社2015年版，第35页。

坚持党对全面依法治国的领导的理论要旨在于：第一，中国共产党作为"中国工人阶级的先锋队""中国人民和中华民族的先锋队"，为党领导"中国之治"奠定政治基础和法理基础。从 1921 年到 2021 年，中国共产党走过了整整一百年的历程。争取民族独立、人民解放和实现国家富强、人民幸福，是中国共产党百年历史的主题和主线；"不懈奋斗史""理论探索史""自身建设史"，是中国共产党百年历史的主流和本质；把革命、建设、改革、复兴事业不断推向前进，是中国共产党百年历史的鲜明特征；逐步实现救国、兴国、富国、强国的奋斗目标，是中国共产党百年历史的庄严使命。基于这一历史而形成的中国共产党，始终代表中国先进生产力的发展方向、代表中国先进文化的前进方向，代表中国最广大人民的根本利益，是具有崇高理想和精神道德的使命型政党。中国法治事业极其复杂、非常艰巨，要实现中国式法治现代化，使之在世界法治图景中占据先进地位，必须始终坚持党对法治的领导。第二，中国共产党对法治的领导，具体体现为党中央集中统一领导的法治领导体制。早在 1988 年，邓小平就对此做了原则性论述："我的中心意思是，中央要有权威。改革要成功，就必须有领导有秩序地进行。没有这一条，就是乱哄哄，各行其是，怎么行呢？"为了防止各行其是，"我们要定一个方针，就是要在中央统一领导下深化改革。"[①]党领导法治的体制，镶嵌在党的组织制度与领导制度之中。《中国共产党章程》第十条规定了民主集中制的基本原则："党员个人服从党的组织，少数服从多数，下级组织服从

---

① 《邓小平文选》第三卷，人民出版社 1993 年版，第 277、278 页。

上级组织，全党各个组织和全体党员服从党的全国代表大会和中央委员会。"这项规定，为党中央集中统一领导的法治领导体制提供了正式的制度依据。2021年11月11日通过的《中共中央关于党的百年奋斗重大成就和历史经验的决议》提出："党中央集中统一领导是党的领导的最高原则，加强和维护党中央集中统一领导是全党共同的政治责任，坚持党的领导首先要旗帜鲜明讲政治，保证全党服从中央。""党的十八大以来，党中央权威和集中统一领导得到有力保证，党的领导制度体系不断完善，党的领导方式更加科学，全党思想上更加统一、政治上更加团结、行动上更加一致，党的政治领导力、思想引领力、群众组织力、社会号召力显著增强。"在此基础上，党的二十大报告进一步提出，要"坚持和加强党中央集中统一领导""健全总揽全局、协调各方的党的领导制度体系，完善党中央重大决策部署落实机制，确保全党在政治立场、政治方向、政治原则、政治道路上同党中央保持高度一致，确保党的团结统一。"党的重要方针政策、历史经验总结和二十大报告的重要论述，为党中央集中统一领导法治中国建设提供了依据。第三，组建中央全面依法治国委员会，发展创新党的依法执政方式和法治领导体制。新中国成立以来，党中央集中统一领导法治的领导体制在探索中不断发展。1956年，成立中央法律委员会。1958年，以中央政法小组取代中央法律委员会。1980年，成立中央政法委员会。经过1988年、1989年的反复之后，1990年，恢复中央政法委员会。2018年，正式组建中央全面依法治国委员会。习近平总书记指出，党中央组建中央全面依法治国委员会，主要有三个方面的考虑："是贯彻落实党的十九大精神，加强党对全面依法治国集中统一领导的需要。""是研究解决依法治国重大事项、重大问题，协调推进中国特色社会主义法治体系和社会主义法治国家建设的需要。""是推动实现'两个一百年'奋斗目标，为实现中华民族伟大复兴中国梦提供法治保障的需要。"①习近平总书记还悉心擘画了中央全面依法治国委员会的职责，他指出："委员会是管宏观、谋全局、抓大事的，要站得高一些、看得远一些、想得深一些，既要破解当下突出问题，又要谋划长远工作，把主要精力放在顶层设计上。委员会在全面依法治国重大决策、重大问题上居于牵头抓总的位置，要增强'四个意识'，坚定'四个自信'，站好位、履好职、尽好责，主动谋划和确定中国特色社会主义法治体系建设的总体思路、重点任务。要把全面依法治国放到党和国家工作大局中去思考，研究提出战略性、前瞻性的方案。要做好全面依法治国重大问题的运筹谋划、科学决策，实现集中领导、高效决策、统一部署。委员会要统筹整合各方面资源和力量推进全面依法治国，重点推动解决部门、地方解决不了的重大事项，协调解决部门、地方之间存在分歧的重大问题。要推动把社会主义核心价值观贯穿立法、执法、司法、守法各环节，使社会主义法治成为良法善治。"②从实践效果来看，中央全面依法治国委员会组建以来，正如习近平总书记所说："从全局和战略高度对全面依法治国又作出一系列重大决策部署，推动我国社会主义法治建设发生历

① 习近平:《论坚持党对一切工作的领导》，中央文献出版社 2019 年版，第 266、268、269 页。
② 习近平:《论坚持全面依法治国》，中央文献出版社 2020 年版，第 235—236 页。

史性变革、取得历史性成就，全面依法治国实践取得重大进展。"①

把党的领导贯彻到依法治国的全过程和各方面，是我国社会主义法治建设的一条基本经验，也是全党全国各族人民的广泛共识，更是中国共产党行使领导权和执政权的必然要求。具体而言，一是要健全党领导依法治国的制度和工作机制，完善保证党确定依法治国方针政策和决策部署的工作机制和程序；二是要充分发挥各级党委的领导核心作用，与经济社会发展同部署、同推进、同督促、同考核、同奖惩；三是要进一步完善责任落实机制，即党委统一领导和各方分工负责、齐抓共管，强化全面依法治国方针政策和决策部署的有效贯彻执行；四是要把党的领导具体落实到党领导立法、保证执法、支持司法、带头守法的各环节。党的二十大修改《中国共产党章程》，专门增加了"走中国特色社会主义法治道路"的内容，有利于坚定全党全社会的中国特色社会主义法治道路自信，推动在法治轨道上全面建设社会主义现代化国家。

（二）坚持中国特色社会主义制度

中国特色社会主义制度充分保障党的主张和人民意志的统一，充分保证法律制度的科学性和先进性，是中国特色社会主义法治体系的根本制度基础。中国特色社会主义法律体系正是在这一根本制度基础之上形成的，也是为适应巩固和发展中国特色社会主义制度的需要而发展的。建设中国特色社会主义法治体系、建设社会主义法治国家是

---

① 习近平：《论坚持全面依法治国》，中央文献出版社 2020 年版，第 2 页。

坚持和发展中国特色社会主义制度的内在要求。中国特色社会主义制度包括人民代表大会制度的根本政治制度，中国共产党领导的多党合作和政治协商制度，民族区域自治制度以及基层群众自治制度等基本政治制度，公有制为主体、多种所有制经济共同发展的基本经济制度，以及建立在这些制度基础上的经济体制、政治体制、文化体制、社会体制等各项具体制度。

习近平总书记指出："衡量一个社会制度是否科学、是否先进，主要看是否符合国情、是否有效管用、是否得到人民拥护。"①实践证明，我们党把马克思主义基本原理同中国具体实际、同中华优秀传统文化结合起来，在古老的东方大国建立起保证亿万人民当家作主的新型国家制度，保障我国创造出经济快速发展、社会长期稳定的奇迹，也为发展中国家走向现代化提供了全新选择，为人类探索建设更好社会制度贡献了中国智慧和中国方案。

中国特色社会主义制度的内在本质，决定了中国特色社会主义法治道路只能"姓社"，而不能"姓资"。也即：相对于英国、美国等资本主义国家的法治模式和法治道路而言，当代中国的法治"姓社"，西方国家的法治"姓资"。所谓法治"姓资"，是指法治是建立在生产资料私有制基础之上的社会上层建筑，法治归根结底被资本的力量所主宰。所谓法治"姓社"，是法治建立在生产资料公有制基础之上的社会上层建筑，法治归根结底为党领导下的人民群众所掌握。这是两种性质根本不同的法治模式和法治道路，决不能混为一谈。

———————————

① 习近平：《坚持、完善和发展中国特色社会主义国家制度与法律制度》，《求是》2019年第 23 期。

　　坚持走中国特色社会主义法治道路，是我国社会主义制度所决定的。习近平总书记指出："一个国家选择什么样的治理体系，是由这个国家的历史传承、文化传统、经济社会发展水平决定的，是由这个国家的人民决定的。我国今天的国家治理体系，是在我国历史传承、文化传统、经济社会发展的基础上长期发展、渐进改进、内生性演化的结果。"[①]法律制度与政治制度紧密相连，有什么样的政治制度，就必须实行与之相适应的法律制度。坚定不移走中国特色社会主义法治道路，是中国特色社会主义道路在法治建设领域的具体体现。中国特色社会主义法治道路，不是照搬和模仿西方的模式，而是吸收了中国传统文化的有益成分，借鉴了人类文明的优秀成果，在中国共产党人自我探索、自我创造的基础上，形成的一条内生式演进发展道路。这条道路体现了社会主义法治的"三个有机统一"，即它是党的领导、人民当家作主与依法治国的有机统一，是法治国家、法治政府和法治社会的有机统一，是植根于中国社会实际，自我发展、自我创新、自我完善的有机统一。

　　世界上不同国家的代议民主的内容和形式不同。从实质上讲，西方的代议民主反映了资产阶级的利益，是随着工业革命的推进，新兴资产阶级在向封建王权争夺政治权力的过程中产生的。当他们夺得了国家政权后，立即通过以宪法为核心的法治制度来确立和保障所获得的政治经济利益，通过形式平等、公共参与、吸纳民意的表面形式来强调其统治的合法性和正当性。但这些做法无论如何都改变不了维护

[①]　《习近平谈治国理政》第一卷，外文出版社 2018 年版，第 105 页。

资产阶级核心利益这一根本属性。社会主义代议民主制度在源头上与资产阶级不同，它是由人民大众在共产党领导下建立的。人民当家作主是中国特色社会主义制度的本质属性，其制度支柱和政治表现就是人民代表大会制度。人民代表大会制度作为中国共产党和中国人民的伟大创造，在当今世界政治体系中具有保证人民当家作主、协调国家机关高效运转、凝聚各族人民力量的政治优势。习近平总书记强调，坚持走中国特色社会主义政治发展道路，必须紧紧抓住人民代表大会这一主要民主渠道，充分发挥人民代表大会制度的根本政治制度作用。我国的人民代表大会制度特色鲜明、富有效率，不断发展完善。改革开放以来，我们改革和完善选举制度，把直接选举人大代表的范围扩大到县级，实行普遍的差额选举制度，逐步实现城乡按相同人口比例选举人大代表；完善全国人民代表大会及其常务委员会的职权，规定全国人民代表大会和全国人民代表大会常务委员会共同行使国家立法权，共同监督宪法实施；在县级以上地方各级人民代表大会设立常务委员会，赋予省级人民代表大会及其常务委员会、较大的市的人民代表大会及其常务委员会制定地方性法规的职权；加强各级人民代表大会及其常务委员会的组织建设，健全专门委员会和工作机构，优化组成人员结构；完善保证国家权力机关依法行使职权的制度和工作机制，制定全国人大组织法、地方组织法、立法法、监督法、议事规则等一系列规范人大组织和职权的重要法律。这一系列重大成就，就是中国特色社会主义制度不断深化认识、不断发展完善的重要体现。

（三）贯彻中国特色社会主义法治理论

中国特色社会主义法治理论，是社会主义法治精神、法治文化、法治意识和法学理论体系的总和，也是中国特色社会主义法治体系的行动指南。中国特色社会主义法治理论，是马克思主义基本原理同当代中国法治实践相结合的产物，反映了人类法治发展基本规律，凝结着党领导社会主义法治建设的宝贵经验。

中国共产党是一个高度重视理论建设的党，重视中国特色社会主义法治理论建设和理论指导，推进实践基础上的法治理论创新，深化对社会主义法治建设和法治发展的规律性认识，是马克思主义政党先进性的基本要求，也是中国特色社会主义法治国家建设走向全面胜利的思想保证。为此我们"要总结和运用党领导人民实行法治的成功经验，围绕社会主义法治建设重大理论和实践问题，不断丰富和发展符合中国实际、具有中国特色、体现社会发展规律的社会主义法治理论，为依法治国提供理论指导和学理支撑"①。

从历史角度看，建构中国特色社会主义法治理论体系，要从现实国情出发，坚持自主创新，注意寻求古与今、中与外的先进法律文化契合点，建设社会主义法治国家。中国有不同于别国的历史文化传统、地理资源禀赋、独特的发展阶段、自成一体的文明习惯和思维方式，法制文明极为发达，形成了独特的东方法律文化。我国春秋战国时期就有了自成体系的成文法典，秦汉形成全国统一的法律，汉律开

---

① 习近平：《论坚持全面依法治国》，中央文献出版社 2020 年版，第 110 页。

始礼法结合，唐律成为世界上封建时期法典的最高代表，以其为基础形成了在世界几大法系中独树一帜的中华法系。而由于汉唐以来中国立法、司法的先进性与法律文化的繁荣，使得周边国家，如高丽、安南、日本等，都取法中国法律，以唐律、大明律为范本，因而成为中华法系文化圈内的成员。这些国家的法律制度、社会风气乃至生活习惯在一定时期内都带有中华法系的烙印。近代以来，我国法律的发展，基本上是与传统中华法系渐行渐远的过程。但是，晚清法制改革取法西方的结果并不完全符合中国的国情。历史经验证明，我们睁眼看世界、借鉴吸收外来法律文化的同时，也要继承中华法律文明中具有超越时空属性、体现中华民族伟大创造力的法律文明要素——如以民为本、诚实信用、求实务实、调解息讼、人与自然和谐相处、惩贪奖廉等。

从现实角度看，必须从我国基本国情出发，同改革开放不断深化的过程相适应，总结和运用党领导人民实行法治的成功经验，对复杂的法治实践进行深入分析、作出科学总结，提炼规律性认识，发展符合中国实际、具有中国特色、体现社会发展规律的社会主义法治理论，为完善中国特色社会主义法治体系、建设社会主义法治国家提供理论支撑。中国特色社会主义法治理论是伴随着中国特色社会主义法治实践而逐步形成和发展的，既源于法治实践又指导法治实践，在中国特色社会主义法治实践中得到检验、与时俱进、丰富完善。伴随着中国特色社会主义法律体系的形成，依法执政、依法行政、公正司法、全民守法稳步推进，法治基础更加坚实，法治经验更加丰富。在积极开展法治实践探索的同时，我们党不断总结新中国成立以来法治建设的成功经验，深刻反思偏离法治轨道的惨痛教训，并将这些经验和反思上升为理论，以毛泽东、邓小平、江泽民、胡锦涛等为主要代表的中国共产党人，在法治建设的不同时期和不同阶段，在继承和发展马克思主义法律和法学思想理论的基础上，结合中国国情，对中国特色社会主义法治理论作出了巨大贡献。

从思想角度看，中国特色社会主义法治理论是对马克思主义法学基本原理进行创造性转换的科学理论，是马克思主义法学当代化、现实化和中国化的产物，是将普遍性的法治理论同中国具体的法治实践紧密结合起来的结果，深刻地揭示了法治中国建设的理论基础、科学内涵和实践规律。党的十八大以来，习近平总书记在厉行法治、依法执政、依法治国、推进法治改革、创新国家治理体系新的伟大实践中，围绕全面依法治国提出了一系列新概念、新范畴、新命题、新论断、新观点、新理念、新思想，内容涵盖了法治和依法治国的全部理论要素和法治建设的各个方面，确立了习近平法治思想。习近平法治思想丰富和发展了中国特色社会主义法治理论，是马克思主义法治理论中国化时代化最新成果。要坚持习近平法治思想在全面依法治国中的指导地位，牢牢把握全面依法治国政治方向、重要地位、工作布局、重点任务、重大关系、重要保障，切实把习近平法治思想贯彻落实到全面依法治国全过程。

纵观中国特色社会主义法治道路的三大核心要义，表现出如下综合优势：一是政治属性的先进性。即坚持党的领导、社会主义和法治理论的完美融合。先进的无产阶级政党、先进的社会制度和在实践中不断发展、与时俱进的马克思主义法治理论，决定了中国特色社会主义法治道路的政治先进性。二是目标指向的联动性。中国特色社会主义法治是党的领导、人民当家作主和依法治国三者的有机统一，并以此为基础实现自上而下与自下而上相结合的联动式法治现代化路径。三是调整规范的多元性。就是在法治轨道上实现国家治理体系和治理能力现代化，宪法法律调整、党规党纪调整和社会规范调整相结合，法治、德治、自治相结合路径。四是运行体制的整合性。中国式法治现代化的运行体制是党委领导、政府负责、社会协同、公共参与，发挥多部门、多方面作用和整体性、协同性功能的综合治理路径。五是实现机理的融贯性。从鼓励和增强全社会厉行法治的积极性和主动性，到形成守法光荣、违法可耻的社会氛围，培育办事依法、遇事找法、解决问题用法、化解矛盾靠法的法治环境；从发掘和传承中华法律文化精华，推动中华法系的优秀思想和理念实现创造性转化、创新性发展，到建设社会主义法治文化，加强以社会主义核心价值观为基础的公民道德建设，做到法治和德治相辅相成、相互促进，体现了良法善治实现理念和实现过程的融贯性。

五、坚持依法治国和以德治国相结合

法律和道德都具有规范社会行为、调节社会关系、维护社会秩序的作用，是法治社会建设的关键内容，在国家治理中具有重要地位和功能。法律有效实施有赖于道德支持，道德践行也离不开法律约束。法治和德治不可分离、不可偏废。习近平总书记指出："中国特色社会主义法治道路的一个鲜明特点，就是坚持依法治国和以德治国相结合，强调法治和德治两手抓、两手都要硬。"①从法哲学角度讲，一方面，道德使法律更完善，增加了法律的德性；另一方面，法律使人们对待社会道德问题更加客观，增加了道德的理性。依法治国和以德治国相结合的理论既是对我国古代治国理政经验智慧的传承，也是共产党人长期推进社会主义法治国家建设的经验总结，既是"德治"和"法治"内在功能关联的必然要求，也是推进全面依法治国实践的现实诉求。党的二十大报告提出"坚持依法治国和以德治国相结合，把社会主义核心价值观融入法治建设"。新时代新征程上，我们要通过弘扬社会主义法治精神，传承中华优秀传统法律文化，加快建设法治社会，推动中华法系的优秀思想和理念实现创造性转化、创新性发展，把社会主义核心价值观融入法治建设全过程，加强以社会主义核心价值观为基础的公民道德建设，做到法治和德治相辅相成、相互促进。

（一）礼法并重、德法合治是中国悠久且有效的治理传统

古往今来，法治和德治都是治国理政不可或缺的重要手段。我国历史上有十分丰富的礼法并重、德法合治思想。周公主张"明德慎罚""敬德""保民"。孔子提出"为政以德"，强调"道之以政，齐之以刑，民免而无耻；道之以德，齐之以礼，有耻且格"。荀子主张"化性起伪"，提出"隆礼重法"。董仲舒提出"阳为德，阴为刑"，主张治国要"大德而小刑"。

---

① 习近平：《论坚持全面依法治国》，中央文献出版社 2020 年版，第 179 页。

魏晋南北朝时期的法典编纂重视身份秩序，吸收儒家典籍中诸如"八议""官当""准五服以制罪"等制度设计进入法典成为正式的法律原则，促进了中华法系"礼法合一"模式的形成，为隋唐法典成熟期的"一准乎礼"奠定了基础。

尽管古人对德法的地位和作用认识不尽相同，但绝大多数都主张德法并用。治理国家，不能一味地严刑峻法，以"杀"去杀，刑事法律规范的规定必须以道德规范为基础，并按照伦理道德原则来评价立法、司法和执法的优劣。以道德调整为主，以法律（刑罚）调整为辅，从而维护善良淳朴的社会秩序。

通观我国古代历史，法治和德治运用得当的时期，大多能出现较好的治理和发展局面。国外也是这样，凡是治理比较有效的国家，都注重法治，同时注重用道德调节人们的行为。中国封建王朝近乎两千年的历史始终采取"德主刑辅"的调整模式。正所谓"德礼为政教之本，刑罚为政教之用，犹昏晓阳秋相须而成者也"。礼有治国、理家、律己的功能，礼刑结合、儒法会通，成为中国古代社会长治久安、国家治理的关键。

（二）德法兼治是共产党人长期推进社会主义法治国家建设的经验总结

新中国成立之初，以毛泽东同志为核心的党的第一代中央领导集体就开启了法制建设探索，并于1954年制定了第一部宪法，为依法治国奠定了基础的同时，还要求用革命理论和高尚的道德理念教育人民。以邓小平同志为核心的党的第二代中央领导集体高度重视社会主义法制建设，不断发展完善民主法制建设的同时，高度重视社会主义精神文明建设，提出了"两手抓，两手都要硬"的重要思想。以江泽民同志为核心的党的第三代中央领导集体明确提出依法治国方略，提出以德治国和依法治国的发展方针。以胡锦涛同志为总书记的党中央提出依法治国和以德治国要相辅相成，强调"要坚持把依法治国和以德治国结合起来，不断加强全民族的思想道德建设，促进依法治国基本方略的实施"。

党的十八大以来，以习近平同志为核心的党中央在深刻总结共产党人长期推进社会主义法治国家建设经验的基础上，提出依法治国基本方略。习近平总书记在中央政治局第三十七次集体学习时突出强调，把法治中国建设好，必须坚持依法治国和以德治国相结合，使法治和德治在国家治理中相互补充、相互促进、相得益彰，推进国家治理体系和治理能力现代化。

（三）德法兼治是"德治"和"法治"内在功能关联的必然要求

1.德治对法治有支撑作用。法治的权威和信念源自人们对法治所蕴含的价值观的高度认同，只有在道德认知与道德情感的共同作用下，才能在人民心中建立和强化法治信念。实践证明，道德觉悟和法律意识是同向同行，呈正相关的。

2.法治对道德建设有保障作用。道德作为法律之上的规范，不具有强制力，而仅靠人的精神境界实现自我约束，难以在人的思想中形成克制力，这就需要法律的"强制性"保驾护航。将一些社会能够普遍接受的道德准则以法律法规的形式体现，是提高社会道德水准的重要经验。借助法的力量，能将社会生活中的最需要推行的道德观上升为体现国家意志的法律，并依靠国家强制力在社会生活中推行。

3. 要实现法治和德治相得益彰。法是他律、德是自律，需要二者并用。因此，我们必须坚持一手抓法治、一手抓德治，既重视发挥法治的规范作用，又重视发挥道德的教化作用，以法治体现道德理念、强化法律对道德建设的促进作用，以道德滋养法治精神、强化道德对法治文化的支撑作用，实现法治和德治相得益彰。

习近平总书记强调指出："法律是准绳，任何时候都必须遵循；道德是基石，任何时候都不可忽视。""法律是成文的道德，道德是内心的法律。法律和道德都具有规范社会行为、调节社会关系、维护社会秩序的作用，在国家治理中都有其地位和功能。法安天下，德润人心。法律有效实施有赖于道德支持，道德践行也离不开法律约束。法治和德治不可分离、不可偏废，国家治理需要法律和道德协同发力。"①

（四）德法兼治是推进全面依法治国实践的现实诉求

1. 能通过法治手段解决道德领域突出问题。习近平总书记曾强调，要运用法治手段解决道德领域突出问题。从根本上解决现存的诸多社会道德问题和法治乱象，需要我们将法治和德治接轨，二者相融，既重视发挥法律的规范作用，又重视发挥道德的教化作用，大力弘扬社会主义核心价值观，弘扬中华传统美德，更好地以道德滋养法

---

① 习近平：《论坚持全面依法治国》，中央文献出版社 2020 年版，第 165 页。

治精神，为依法治国创造良好的人文环境。

2.能促进全民提高法治意识和道德自觉。习近平总书记在中央政治局第三十七次集体学习时指出，要提高全民法治意识和道德自觉。法治意识主要表现为整个社会对法律至上地位的普遍认同和坚决的支持，道德自觉是指道德对于时代的伦理使命和教化责任要有深切认同和自觉担当。提高法治意识和道德自觉，是全面推进依法治国，遵守"德治"和"法治"内生规律，实现德法兼治的基本要求。

3.能发挥领导干部在全面依法治国的关键作用。领导干部既应该做全面依法治国的重要组织者、推动者，也应该做遵德守法的积极倡导者、示范者。因此领导干部要带头学法、模范守法、以德修身、以德立威、以德服众，做到德法兼修，以实际行动带动全社会崇德向善、尊法守纪，切实发挥在推进全面依法治国进程中的关键作用。

（五）加强社会主义法治文化建设

1.挖掘和传承中华法律文化精华。中华优秀传统法律文化蕴含着中华民族绵延几千年的文明智慧和文化底蕴。先秦时期，法家主张"以法治国"，春秋战国时期出现了成体系的成文法典；汉唐时期形成了比较完备的法典，唐律更是广泛影响东亚。中华文化的精神观念、文明理念熔铸在传世法典之中，古代法制蕴含着十分丰富的智慧和资源，中华法系源远流长、灿烂辉煌，在世界几大法系中独树一帜。当前迫切需要挖掘传承的传统文化渊源包括：一是德治与法治相互融合的文化渊源，二是党规党纪严于国家法律的文化渊源，三是家庭家教家风问题的文化渊源。

2.借鉴国外法治文化合理元素。2014年，习近平总书记在联合国教科文组织总部的演讲中提出："我们应该推动不同文明相互尊重、和谐共处，让文明交流互鉴成为增进各国人民友谊的桥梁、推动人类社会进步的动力、维护世界和平的纽带。"①2017年1月18日，习近平总书记在联合国日内瓦总部演讲时指出："不同历史和国情，不同民族和习俗，孕育了不同文明，使世界更加丰富多彩。文明没有高下、优劣之分，只有特色、地域之别。文明差异不应该成为世界冲突的根源，而应该成为人类文明进步的动力。"②习近平总书记关于法治文化建设的"文明互鉴论"，是世界法治文化理论的重大进展。这是促进世界永久和平的精神基石，是推动人类文明进步和世界和平发展的新动力。我们要学习借鉴世界上优秀的法治文明成果。坚持以我为主、为我所用，认真鉴别、合理吸收，不能搞"全盘西化"，不能搞"全面移植"，不能照搬照抄。应加强对当代世界各国特别是西方发达国家的法治经验和理论的比较研究，合理提取具有普遍价值、体现法治发展潮流的法治话语、法治技术、法治思想。

3.继承革命法律文化。党的十九大报告指出，继承革命文化，发展社会主义先进文化，不忘本来、吸收外来、面向未来。中国共产党在革命战争时期形成的法律思想、创建的法律制度，是革命文化的重要组成部分，它正是中国特色社会主义法治的"本来"，也是不断完

---

① 习近平：《出席第三届核安全峰会并访问欧洲四国和联合国教科文组织总部、欧盟总部时的演讲》，人民出版社2014年版，第15页。
② 《习近平主席在出席世界经济论坛2017年年会和访问联合国日内瓦总部时的演讲》，人民出版社2017年版，第28—29页。

善当代中国法治建设的"营养剂"。革命法律文化是半个多世纪前在特定的历史条件下形成的，我们一方面应纠正对它的各种误读，另一方面，需要基于现代法治精神，更好地实现其创造性转化，这是走中国特色社会主义法治道路的内在要求。这种继承，有如下几条原则性特征：一是坚持党对法治工作的绝对领导。二是坚持以人民为中心，把人民群众当作法律价值的依归和法律真正的主人。三是坚持实事求是，注重问题导向。谢觉哉在总结新民主主义司法时说：我们是和群众结合的司法，"条文不是第一，第一是群众的实际；经验不是第一，第一是到实际去获得新经验；形式（组织、手续法等）不是第一，第一是能解决问题"。四是坚持引领社会进步的法治精神。

4.建设社会主义先进法治文化。社会主义法治文化是与我国社会主义初级阶段基本国情相适应、与中国特色社会主义制度相统一，经由中华优秀传统文化涵育而成的法治文化。进入新时代的社会主义法治文化现了人民主体性、历史传承性、体系开放性和发展渐进性等鲜明特征，对于法治中国建设具有基础性作用和持久性功效。建设社会主义法治文化的主要内容：一是坚持马克思主义在意识形态领域指导地位的根本制度，二是健全人民权益保障的文化法治制度与法治文化制度，三是建立健全"把社会效益放在首位、社会效益和经济效益相统一"的法治文化建设体制机制。建设社会主义法治文化的重要意义：一是能够强化人们的法治信仰、法治观念和法治习惯，为法治中国建设夯实重要人文基础、提供强大精神动力和价值支撑。二是提高国家治理能力的内在要求。它有助于领导干部运用法治思维进行决策、采取法治办法推进工作、运用法律手段解决矛盾纠纷，不断提高治理能力和治理水平。三是营造尊法学法守法用法良好社会氛围的前提。有助于激发人们投身依法治国实践的热情和信心，夯实法治中国建设的社会基础。

5.加大全民普法力度，提升法学理论水平。社会主义法治文化建设是一项春风化雨、润物无声的长期工程，离不开坚持不懈的努力、持之以恒的积累。要大力弘扬法治精神，加大全民普法力度，牢固树立宪法法律至上、法律面前人人平等的理念，努力形成崇尚宪法、维护法律的良好风尚。不断加强法治理论系统性研究，厘清法治精神的丰富内涵、生成机制和运行逻辑，厚植法治精神赖以生长的文化土壤，充分发掘我国传统法治文化中的优质资源，推动法治精神时代化、民族化。不断强化法治思维，领导干部要时刻将自己置于法律之下，牢记法律赋予的职责，切实做到法定职责必须为、法律禁止不可为；广大群众要养成学法守法、崇德向善、明理知耻的文明习惯，让法治精神牢牢扎根于心灵深处。全体社会成员都要不断坚定法治信仰，把宪法和法律视作神圣不可侵犯的戒条，杜绝以言代法、以权压法、逐利违法、徇私枉法，把对宪法和法律的崇尚和敬畏作为修身理政、立言立行的标尺，将法治信仰融入精神世界、价值观念、生活方式，让法治成为规范行为的强大力量。

（六）把社会主义核心价值观融入法治建设全过程

社会主义核心价值观是社会主义法治建设的灵魂，体现着与中华优秀传统文化和人类文明优秀成果相承接的价值目标、价值准则和时代精神，具有深刻的思想特质与战略意义。把社会主义核心价值观融入法治建设全过程、各领域、各方面，是坚持依法治国和以德治国相结合的必然要求。

2014年，习近平总书记在主持中央政治局第十三次集体学习时强调，要用法律来推动核心价值观建设，要求注重在日常管理中体现价值导向，使符合核心价值观的行为得到鼓励、违背核心价值观的行为受到制约。2016年，中共中央办公厅、国务院办公厅印发《关于进一步把社会主义核心价值观融入法治建设的指导意见》，要求"推动社会主义核心价值观入法入规"，强调"把社会主义核心价值观的要求体现到宪法法律、法规规章和公共政策之中，转化为具有刚性约束力的法律规定"。2017年，党的十九大提出"培育和践行社会主义核心价值观"。2018年，宪法修正案将"国家倡导社会主义核心价值观"纳入宪法文本。同年，中共中央印发《社会主义核心价值观融入法治建设立法修法规划》，强调"着力把社会主义核心价值观融入法律法规的立改废释全过程，确保各项立法导向更加鲜明、要求更加明确、措施更加有力""推动社会主义核心价值观全面融入中国特色社会主义法律体系，筑牢全国各族人民团结奋斗的共同思想道德基础"。

将社会主义核心价值观全面融入社会主义法治体系建设，是法治国家建设的核心使命。具体包括：

1.弘扬宪法权威、推进依宪治国。宪法是党和人民意志的集中体现，是通过科学民主程序形成的根本法。坚持依法治国首先要坚持依宪治国，坚持依法执政首先要坚持依宪执政。全国各族人民、一切国家机关和武装力量、各政党和各社会团体、各企业事业组织，都必须以宪法为根本的活动准则，并且负有维护宪法尊严、保证宪法实施的职责。一切违反宪法的行为都必须予以追究和纠正。社会主义核心价值观大都在宪法文本宣示出来。党的十八届四中全会《决定》确立宪法宣誓和宪法日制度，贯彻落实社会主义核心价值观。全国人大常委会《关于实行宪法宣誓制度的决定》和75字誓词："我宣誓：忠于中华人民共和国宪法，维护宪法权威，履行法定职责，忠于祖国、忠于人民，恪尽职守、廉洁奉公，接受人民监督，为建设富强民主文明和谐美丽的社会主义现代化强国努力奋斗！"字里行间无不体现着核心价值观的根本精神，从而使社会主义核心价值观的宣传贯彻同国家宪法内容相一致。

2.推动社会主义核心价值观入法。近年来，在爱国主义教育、英雄烈士保护、见义勇为、文明行为促进、社会信用建设、弘扬家庭美德、弘扬中华优秀传统文化等方面，制定了许多法律法规，将人民群众广泛认同、较为成熟、操作性强的道德要求上升为法律规范，实现道德规范和法律规范相衔接、相协调、相促进，取得良好的法律效果和社会效果。为贯彻党中央的部署要求，2023年《立法法》修改，增加第八条之规定："立法应当倡导和弘扬社会主义核心价值观，坚持依法治国和以德治国相结合，铸牢中华民族共同体意识，推动社会主义精神文明建设。"这一崭新立法例及其治理理念，将社会主义核心价值观科学有效地转化为具有刚性约束力的法律规范，通过法律规范来引领道德风尚，实现法安天下、德润人心，为以国家立法的形式引领社会主义主流思想价值，打造共建共治共享的社会治理格局，实现社会和谐安定有序，推进法治国家、法治政府、法治社会一体建设，实现中华民族伟大复兴奠定了立法基石。

3.推进社会主义核心价值观入规。作为执政党，必须加强党内法规制度建设，完善党内法规制定体制机制，形成配套完备的党内法规制度体系，从政治生活各方面严格约束党员领导干部，倡导法治精神，推动法治精神内化于心、外化于行，构成促使党员干部自觉推动法治建设的硬约束。推进社会主义核心价值观入规，就是将其全方位、无死角地融入党内法规体系当中。以党章为根本遵循，完善党内法规，健全制度保障，构建起配套完备的党内法规制度体系，推动党员干部带头践行社会主义核心价值观。把从严治党实践成果转化为道德规范和纪律要求，做到依规治党和以德治党相统一，充分展现共产党人高尚的思想道德情操和价值追求。

4.党和政府依法执政、依法行政。党和政府要率先垂范，恪守遵照社会主义核心价值观、依据法律授权行事。实践中，政府负责人当被告、建构企业征信制度是认真遵循核心价值观的例证，某些行政机关及其工作人员"钓鱼执法""养鱼执法"则是负面例证，必须清醒认识、高度警惕。确立公正是法治生命线的法治思维。结果公正和程序公正缺一不可。结果不公正，就会牺牲法治的意义；程序不公正，则会损害法治的权威。要广泛树立公权力"法无授权不可为"、私权利"法无禁止即可为"的法治思维。

5.公正司法是重要保障。司法公正对社会公正具有重要引领作用，司法不公对社会公正具有致命破坏作用。必须完善司法管理体制和司法权力运行机制，规范司法行为，加强对司法活动的监督，努力让人民群众在每一个司法案件中感受到公平正义。

6.社会主义核心价值观引领融入法治文化建设。一要从思想上树立法律信仰。在全社会营造浓厚的法治氛围，将守法作为现代公民意识的重要组成部分进行塑造和培育，让守法成为全民的自觉意识和真诚信仰。二要发挥核心价值观的价值导向功能。让社会主义核心价值观成为全社会共同道德追求、凝聚法治化的共同意志和强大思想基础，扶正祛邪，激浊扬清。三要发挥核心价值观的社会规范整合功能。以核心价值观为指导，完善社会规范与制度规约体系，并在日常生活中彰显主流价值，增强法规制度执行力。2018 年，中共中央印发的《社会主义核心价值观融入法治建设立法修法规划》明确要求："发挥先进文化育人化人作用，建立健全文化法律制度""加强道德领域突出问题专项立法，把一些基本道德要求及时上升为法律规范"。四要发挥核心价值观的文化建设功能。包括：社会主义司法文化建设。司法机关要贯彻落实德法兼治的要求，加强人民司法优良传统、法官职业道德教育，打牢干警公正廉洁司法的思想道德基础。社会主义执法文化建设。国家机关及其工作人员执法，必须遵循"有权必有责、用权要监督、滥权必追责"的工作原则；行政执法部门要坚持严格执法、平等执法、公正执法的理念，建立健全行政执法责任制以及执法监督、制约机制，使行政执法人员的执法行为受到全方位、全过程的监督。社会主义廉政文化建设。习近平总书记强调："要着力净化政治生态，营造廉洁从政良好环境。"①严惩腐败分子是保持政治生态山清水秀的必然要求。廉政文化建设要求广大党员干部尤其是领导干部在思想上，把法律、法规和党纪看作不可触碰的高压线；在廉政

---

① 《习近平张德江俞正声王岐山分别参加全国两会一些团组审议讨论》，《人民日报》2015 年 3 月 7 日。

实践中，做到违反规章、法纪的事不做，违反规章、法纪的话不说，严于律己，遵章执政；在廉政制度和廉政环境的建设上，把权力关进制度的笼子里，形成不敢腐的惩戒机制、不能腐的防范机制、不易腐的保障机制。社会主义守法文化建设。各级党组织、全体党员和普通公民要带头尊法学法守法用法，任何组织和个人都不得有超越宪法法律的特权，绝不允许以言代法、以权压法、逐利违法、徇私枉法。

第二章　在法治轨道上建设中国式现代化

党的二十大报告站位高远、视野宏阔、内容丰富、理论精深，深刻地阐释了新时代坚持和发展中国特色社会主义的一系列重大的理论和实践问题，描绘了全面建设社会主义现代化国家、全面推进中华民族伟大复兴的宏伟蓝图，为新时代新征程党和国家事业的发展、实现第二个百年奋斗目标指明了前进方向、确立了行动指南。

一、党的二十大报告的逻辑结构与法治论述

从逻辑上讲，党的二十大报告可以分为总论和分论两大部分。总论主要包括前四个部分，就是"过去五年的工作和新时代十年的伟大变革""开辟马克思主义中国化时代化新境界""新时代新征程中国共产党的使命任务"和"加快构建新发展格局，着力推动高质

党的二十大报告的逻辑结构

量发展"，这四个部分包含很多哲学的、马克思主义的、党史党建的、科学社会主义的理论内容，非常深刻。分论包括十二个部分，它的主体部分包括五大建设——经济、政治、文化、社会、生态文明，此外还包含科教兴国和人才、法治、国家安全、军队、港澳台、外交和全面从严治党十二个主题。

党的二十大报告对法治建设进行了专章论述和专门部署，全面总结了过去五年法治建设的工作情况和十年变革的法治建设成就，论述部署了坚持全面依法治国、推进法治中国建设。报告不仅从编排体例上开启了党的历次代表大会报告之先河，而且围绕着新时代立法工作、法治政府建设、公正司法和法治社会建设提出了一系列重大创新

的法治论述，对坚持以习近平法治思想为指引建设更高水平的法治中国，以中国式现代化全面推进中华民族伟大复兴具有重大的实践引领和理论的指导意义。

二、新时代十年的法治建设成就

（一）全面依法治国是"四个全面"的基础和保障

中国共产党在有十四亿多人口、地域辽阔、民族众多、国情复杂的大国执政，要保证国家统一、法制统一、政令统一、市场统一，必须始终秉持法律这个准绳、用好法治这个方式，从坚持和发展中国特色社会主义的全局和战略高度定位法治、布局法治、厉行法治，统筹推进"四个全面"战略布局，协调推进"五位一体"总体布局。

全面依法治国是"四个全面"的重要保障

针对"四个全面"战略布局，习近平总书记强调指出："党的十八大以来，我们提出要协调推进全面建成小康社会、全面深化改革、全面依法治国、全面从严治党，这'四个全面'是当前党和国家事业发展中必须解决好的主要矛盾。"①习近平总书记深入阐述："从这个战略布局看，做好全面依法治国各项工作意义十分重大。没有全面依法治国，我们就治不好国、理不好政，我们的战略布局就会落空。

①　《习近平谈治国理政》第二卷，外文出版社 2017 年版，第 22 页。

要把全面依法治国放在'四个全面'的战略布局中来把握，深刻认识全面依法治国同其他三个'全面'的关系，努力做到'四个全面'相辅相成、相互促进、相得益彰。"① 全面依法治国是其他"三个全面"的重要保障，将法治思维和法治方式贯穿到法治各环节和全过程，在法治轨道上推进社会主义现代化国家建设，是实现国家稳定、平衡、全面发展的基础工程。

比如，在全面深化改革过程中，我们要大胆地探索、借鉴人类经济社会发展的合理因素进行制度创新，把其中行之有效的、人民群众满意的、已经被证明合乎规律且取得成功的体制机制，采取法律的形式凝固下来，立良法、行善治，就能够极大地推进经济社会发展，否则就会陷入混乱和不确定状态。再比如，"东西南北中，党政军民学，党是领导一切的"，我们越是强调党对国家事务的全面领导，就越要全面从严治党，以此永葆党的先进性、纯洁性，跳出治乱兴衰历史周期率。但是全面从严治党并不只是党自身的事，也是整个国家的事。就党说党，不能够依规治党、制度管党，效果是要打折扣的。所以，我们还要通过宪法法律把党的领导地位、党的领导方式固定下来，坚持党规和国法相结合，坚持依规治党与依法治国相结合，强化全面依法治国对全面从严治党的保障地位和重要作用。

（二）法治建设在"五位一体"总体布局中意义重大

在"五位一体"总体布局当中，法治建设起着极其重要的作用。

---

① 《习近平谈治国理政》第二卷，外文出版社 2017 年版，第 24 页。

推进经济建设、政治建设、文化建设、社会建设和生态文明建设，都离不开法治的促进和保障。要实现各领域建设的相关目标，就必须用法治思维和法治方式促其实现。

第一，新时代法治建设规定了社会主义经济的发展方向、价值目标、基本政策和利益关系，把全面深化改革纳入法治轨道，用法律法规引导和规范改革，用法治体系确认和巩固改革成果，指引经济建设正确、合法、高效和安全前行。市场经济本质上是法治经济，它要求法律规则具有良好的包容性并得到公开、公正、平等的适用，规范与约束政府行为，保障产权和市场运行安全，保证市场主体平等地位，贯彻诚实信用原则，严格执法、公正司法，有效解决争议，降低交易成本，维护市场秩序。法治不仅是市场经济的内生变量，而且对市场经济的外部条件包括政府权力、社会环境以及文化意识等产生良好作用。法治内在的规范性与权威性，可以有效规范与约束政府行为，防止权力被滥用，使全社会养成遵纪守法的良好社会风气，维护市场秩序与社会秩序。法治保护权利与自由的基本价值，与市场经济自由交换的内在要求高度契合，两者相互促进。法治不但可以弥补市场失灵的缺陷，也可以为市场经济的发展起到规范、保障、引领、推动等作用。更为重要的是，由于体系化、制度化的法治具有自我推动、自我修复、自我实施等特点，不同于单纯依靠外力推动的政治权威，可以持续地为市场经济服务。

第二，新时代法治建设促进实现全过程人民民主，加强人民当家作主制度保障，全面发展协商民主制度优势，推动基层民主和基层治理，有力支撑了建设中国特色社会主义政治文明建设。中国特色社会主义进入新时代，人民日益增长的美好生活需要和不平衡不充分的发展成为社会主要矛盾，民主法治建设也表现出阶段性和前进期的明显特征：人民群众对自身地位已有明确的主人翁意识，但其在日常生活中的体现度还不够深入全面；人民群众对自身经济权益已有较大获得感，但文化教育科学卫生等综合权益的获得尚不充分；人民群众对整体的民主法治建设比较满意，但其对中央政策方针的拥护和对基层民主治理的期待之间存在失衡现象。习近平总书记指出："我们要依法保障全体公民享有广泛的权利，保障公民的人身权、财产权、基本政治权利等各项权利不受侵犯，保证公民的经济、文化、社会等各方面权利得到落实，努力维护最广大人民根本利益，保障人民群众对美好生活的向往和追求。……我们要通过不懈努力，在全社会牢固树立宪法和法律的权威，让广大人民群众充分相信法律、自觉运用法律，使广大人民群众认识到宪法不仅是全体公民必须遵循的行为规范，而且是保障公民权利的法律武器。"[1]

第三，社会主义法治文化是中国特色社会主义先进文化的重要组成部分，是社会主义法治国家建设的灵魂和基础，也是文化软实力的核心构成。唯有让法治成为一种文化、一种信仰、一种核心价值，内化于心、外化于行，让社会主义法治文化在中华大地上落地生根，深入人心，习以为常，才能真正实现良法善治，建成法治中国。建设社会主义法治文化，要深刻认识社会主义法治文化的先进性和丰富内涵。其作为中华传统法律文化的批判继承和发扬光大，作为一切人类

---

① 习近平：《在首都各界纪念现行宪法公布施行 30 周年大会上的讲话》，人民出版社 2012 年版，第 10—11 页。

法治文明有益成果的借鉴和吸收，是公平正义、自由平等、保障人权、民主法治等社会主义基本价值的集中体现，是全体人民意志和党的主张相统一的集中体现，是社会主义伦理道德与社会主义法治精神相统一的集中体现，是社会主义法治理论与社会主义法治实践相统一的集中体现，是社会主义法治意识形态与全面落实依法治国基本方略相统一的集中体现，是法治宣传教育与培养法治行为习惯相统一的集中体现，代表了先进法治文化的前进方向。要坚持把社会主义核心价值观融入社会主义法治文化建设全过程各方面，不断发展和繁荣社会主义法治文化，做到法治德治相辅相成、相得益彰。要坚持在法治实践中培育全社会法治信仰，推动全民守法。科学立法与完善社会规范相结合，强化科学有效的制度供给，彰显中华法治文明。

第四，提高社会治理法治化水平，打造共建共治共享的社会治理格局，将社会主义核心价值观全面融入法治建设，指明了社会主义和谐社会建设的战略和途径。和谐社会应该是法治社会。首先，法治社会是法治国家和法治政府的基础环境与根植土壤。只有文本上的法律体系，没有现实的法治社会，不是真正的法治；只有政府奉法依法，社会组织和普通公民置身法外，也不是真正的法治。其次，建设法治社会是中国社会转型期和文明过渡期的基本诉求。建设法治社会既是对传统中国人情社会的反思重构，旨在改变认"人"不认制度、重感情不顾规则的法律虚无主义状态；同时也要求坚持依法治国和以德治国相结合，将社会主义核心价值观全面融入法治建设的各个环节，实现程序正义和实体正义的再统一，天理国法人情的再统一，社会主义法治文明与传统法治文明、西方法治文明的再统一。最后，建设法治社会是中国经济社会发展到新时代对国家与社会治理提出的崭新要求。当前，经济不稳定因素增多、社会风险加大、生态环境失衡带来了日趋复杂的社会公共事务、日益多元的社会诉求和日趋紧张的人与人、人与自然的关系，要求我们必须高度重视社会环境与文明样态的法治化，以社会稳态代替社会变态及不可知因素，以理性战胜宗教激进主义、民族极端主义和恐怖主义思想。由此，弘扬法治精神、建设法治社会、提供公共产品、张扬公平正义，打造共建共治共享的社会治理格局，善用法治手段实现社会安定有序，成为转型中国弥合社会系统断裂、实现文明再造的核心共识。除在宪法上确认国家尊重和保障人权，依法保护公民的合法财产不受侵犯外，还要依法确认公民的劳动权、教育权、人身权、物权、债权、知识产权、经济发展权和最低生活保障；政府依法完善公共服务体系，不断满足人民日益增长的美好生活需要，不断促进社会公平正义。习近平总书记指出："不全面依法治国，国家生活和社会生活就不能有序运行，就难以实现社会和谐稳定。"要以"良法善治"为指针，以法治凝聚改革共识、规范发展行为、促进矛盾化解、保障社会和谐，推进治理水平与大国地位同步提升，改革发展稳定协调并进，实现广大人民群众的新期待、新要求。

第五，构建完备的生态保护法律体系和民事、行政、刑事制裁衔接的生态责任承担体系，引领社会大众共同织牢生态法治之网，践行绿色发展理念，实现低碳生活。生态文明既是一种和谐共生的社会形态，也是美好生活愿景的现实寄托。生态法治蕴含创新理念，是国家借助法制手段调节人与人之间的生态利益、生态关系，以及人与生态环境之间关系的法治过程。运用法治利剑，护佑生态文明，彰显了全面依法治国的内在需求。党的十八大以来，我国全面推进生态文明建设，并将其纳入社会主义事业总体布局，坚持走法治化道路，完善生态文明相关立法，规范管理生态问题纠纷，依法震慑打击破坏环境行为，促进生态保护向民生优势转化，效果明显。我国生态法治建设也面临着法治观念淡薄、地方保护主义干扰执法、以牺牲环境换来短期地方发展、个别地方的环保部门将收费与罚款作为执法目的等重重阻力挑战。为此要深入研究生态恢复、环境正义和民生保障及地方长远发展的平衡问题，做好环境评价与环境问责的执法衔接，构建规范政府行为的管理机制，落实权责分明的环境问责制等。

第六，推动国际关系法治化，统筹国内法治与涉外法治两个大局，推动全球治理体制向着更加公正合理方向发展，为我国发展和世界和平创造更加有利的条件，是习近平法治思想的重大主题。可以说，中国越是客观、全面地认识到国际法对于中国的作用和影响，越是深入、准确地把握中国与国际法治的相互关系，就越有利于积极主动地参与国际法治的建构，就越有利于自身的改革开放事业，越有利于中国长久的繁荣和稳定的发展。向世界清晰地表述、宣介中国的法治理念及其途径，积极参与国际法治建设，改造和引领国际关系法治化，是推进国家治理体系和治理能力现代化的重要任务之一。国内法治与涉外法治之间的动态互构关系意味着中国并不仅仅是国际法治被动的接受者和执行者，而是国际法治的积极参加者和未来引导者，已经并将继续对国际法治的均衡、健康、公正发展作出更大的贡献。习近平法治思想坚持统筹推进国内法治和涉外法治，协调推进国内治理和国际治理，推动构建人类命运共同体，就是因应全球治理变革和形势发展的真理性理论成果。

（三）五年全面依法治国成就巨大

党的二十大报告强调指出，十九大以来的五年，是极不寻常、极不平凡的五年。这里的"极不寻常"是指客观形势和外部挑战极不寻常，因为我们遭遇了百年未遇的新冠疫情、美西方对华的极限施压、全面脱贫攻坚的艰难困苦；这里的"极不平凡"是指党领导人民稳经济、促发展，战贫困、建小康，控疫情、抗大灾，应变局、化危机，攻克了一个个看似不可攻克的难关险阻，创造了一个个令人刮目相看的人间奇迹。

党的二十大报告对五年法治建设的基本评价是：全面推进依法治国成就巨大。

第一，以宪法为核心的中国特色社会主义法律体系更加完善。一是十三届全国人民代表大会第一次会议高票通过了宪法修正案，完成了现行宪法第五次修改的重大历史任务。宪法修正案共 21 条，包括 12 个方面：确立科学发展观、习近平新时代中国特色社会主义思想在国家政治和社会生活中的指导地位；调整充实中国特色社会主义事业总体布局和第二个百年奋斗目标的内容；完善依法治国和宪法实施举措；充实完善我国革命和建设发展历程的内容；充实完善爱国统一战线和民族关系的内容；充实和平外交政策方面的内容；充实坚持和加强中国共产党全面领导的内容；增加倡导社会主义核心价值观的内容；修改国家主席任职方面的有关规定；增加设区的市制定地方性法规的规定；增加有关监察委员会的各项规定；修改全国人大专门委员会的有关规定。

二是市场经济法律制度更加完善。2020年5月28日，十三届全国人民代表大会第三次会议通过《民法典》，这是新中国第一部以法典命名的法律，在法律体系中居于基础性地位，也是市场经济的基本法。该法典共7编、1260条，各编依次为总则、物权、合同、人格权、婚姻家庭、继承、侵权责任，以及附则。通篇贯穿以人民为中心的发展思想，着眼满足人民对美好生活的需要，对公民的人身权、财产权、人格权等作出明确翔实的规定，并规定侵权责任，明确权利受到削弱、减损、侵害时的请求权和救济权等，体现了对人民权利的充分保障，被誉为"新时代人民权利的宣言书"。此外，还制定了外商投资法、电子商务法、旅游法、资产评估法、航道法、环境保护税法、烟叶税法、船舶吨税法、耕地占用税法、车辆购置税法、资源税法等重要法律。海南自由贸易港法规、浦东新区法规等重要地方法规陆续出台。2021年4月，制定的乡村振兴促进法，系统规定了实施乡村振兴战略的重大政策和制度，坚持农民主体地位，保障农民民主权利和其他合法权益；建立健全有利于农民收入稳定增长的机制，促进农民增加收入；建立健全城乡融合发展的体制机制和政策体系，促进改善农村人居环境。修改农村土地承包法、土地管理法，赋予农民更多土地权利、财产权利，保障农民合法权益等。农业农村农民发展有了保障，国家的发展就有了更坚实的基础。

三是民主政治法律制度更加健全。以全国人大及其常委会立法为例，制定了监察法、国家勋章和国家荣誉称号法、国歌法、英雄烈士保护法等，健全保证宪法实施的法律制度。适应党和国家领导制度、组织制度改革的需要，修订通过人民法院组织法、人民检察院组织法，使国家机关的组成、职责与行使职权的原则、程序以及问责制度更加法定化、规范化。完善公民行使选举权和被选举权的法律保障制度，2020 年 10 月，对选举法进行第七次修改，完善代表资格审查制度，适当增加基层人大代表数量，更好保障公民依法享有选举权和被选举权，促进代表与人民群众的密切联系。修改了地方各级人民代表大会和地方各级人民政府组织法等。

四是文化建设法律制度更加丰富。2021 年 4 月，修改教育法，丰富发展教育事业的指导思想，完善教育方针，积极回应社会关切，对冒名顶替入学等行为规定严格的法律责任，维护教育公平。2021 年 10 月，制定家庭教育促进法，明确父母或者其他监护人、政府及其有关部门、法院、检察院、妇联等方面的职责，细化国家支持和社会协同，将家庭教育由传统的"家事"上升为新时代的重要"国事"。2022 年 4 月，修改职业教育法，完善职业教育制度体系，推动职业教育与普通教育融会贯通发展，为公民就业创业、掌握技术技能、成才发展提供法律保障。制定修改公共图书馆法、电影产业促进法、英雄烈士保护法、文物保护法、档案法等，弘扬社会主义核心价值观，弘扬中华优秀传统文化，保障公民享受更好的文化精神生活。

五是民生和社会立法更加齐备。完善社会组织立法，制定社会组织行为规范和活动准则，改革社会组织登记制度，对社会组织进行分类管理，依法加强对社会组织的监管，通过税收优惠、财政补助等措施扶持社会组织的发展，鼓励、引导、规范社会组织参与社会管理，提供公共服务；完善多元化的群众利益表达和保护机制，建立和完善让基层群众、组织和社区等利益相关方能够表达意见、协商讨论的制度化平台，拓展公民参与社会治理的渠道，畅通群众协商的有效渠道，规范群众参与决策的程序，发展多元纠纷解决机制，健全社会矛盾化解体系。2021年8月，制定个人信息保护法，聚焦个人信息保护领域的突出问题和人民群众的重大关切，构建权责明确、保护有效、利用规范的个人信息处理和保护制度。同月，制定法律援助法，规范和促进法律援助工作，使更多需要法律服务的人员得到援助，保障其合法权益。

六是生态文明法律制度进展巨大。制定土壤污染防治法，坚持预防为主、保护优先、分类管理、风险管控、污染担责、公众参与原则，对违法行为设定严格的法律责任，保障人民群众吃得放心，住得安心；修改水污染防治法，完善排污许可管理制度，切实保障人民群众的饮用水安全；修改固体废物污染环境防治法，坚持减量化、资源化、无害化原则，推行生活垃圾分类；制定噪声污染防治法，明确治理责任，营造和谐安宁的生活环境；制定修改森林法、湿地保护法、长江保护法、黄河保护法、黑土地保护法等，生态资源法律体系更加完善。

七是国家安全立法蔚成体系。继2015年制定国家安全法和网络安全法之后，又制定了维护国家政治安全的反间谍法、反恐怖主义法、国家情报法、密码法；维护经济安全的出口管制法；维护军事安全的国防法、兵役法、人民武装警察法、军事设施保护法、国防交通法、海警法、核安全法、深海海底区域资源勘探开发法、境外非政府组织境内活动管理法等等，都直接关系到国家安全。出台了反外国制裁法，反制个别国家对我国的遏制打压。2020 年至 2021 年还相继制定出台了生物安全法、香港特别行政区维护国家安全法、数据安全法、个人信息保护法等，填补了立法空白，为维护国家安全提供了有力法治保障。

第二，法治政府建设取得重大进展。一是加快转变政府职能。政府职责体系和组织结构不断优化，推进各级政府事权规范化、法制化，分事行权、分岗设权、分级授权。近年来，各地在推广减证便民、推进跨省通办、实现"最多跑一次"等方面不断推出创新举措。二是深化行政执法体制改革。加大关系群众切身利益的重点领域执法力度，加强环境保护、食品安全、劳动保障等领域严格执法，强化行政执法与刑事司法有机衔接，强化法律威慑力。三是强化行政执法监督机制和能力建设。中央依法治国办自 2018 年成立以来，下沉一线、真督实察，以督促改、以督抓落实，有力推动了各地区各部门不断加快法治政府建设的步伐。各地区各部门与《法治政府建设实施纲要（2021—2025 年）》对表对标，压实责任、狠抓落实，完善监督体系，科学设定监督职责，严密监督程序，增强监督合力与实效。四是完善基层综合执法体制机制。探索综合执法，推动在食品药品安全、工商质检、公共卫生、安全生产等领域实行跨领域跨部门综合执法，减少市县两级政府执法队伍种类，提高执法质效。理顺体制，加强城市管理综合执法机构建设，完善管理和协调机制，提高执法和服务水平。五是完善行政立法体制机制。2021 年，国务院办公厅印发《国务院 2021 年度立法工作计划》，推动行政立法工作加速、提质、增效。要求起草部门提高送审稿质量，严格按照立法法、行政法规制定程序条例等的规定，做好向社会公开征求意见工作，及时上报送审稿、立法评估报告等材料，为审查、审议等工作预留合理时间。送审稿涉及其他部门的职责或者与其他部门关系紧密的，应当与有关部门充分协商，涉及部门职责分工、行政许可、财政支持、税收优惠政策的，应当征得机构编制、审改、财政、税务等相关部门同意。2020 年，国务院提请全国人大常委会审议法律议案 9 件，制定修订行政法规 37 部。2019 年，共接收报送备案的法规规章 2021 件，依法逐件进行审查，对存在问题的均按照法定程序和权限作出处理。六是完善法治政府建设推进机制。中共中央办公厅、国务院办公厅印发《法治政府建设与责任落实督察工作规定》，中央依法治国办印发《关于开展法治政府建设示范创建活动的意见》，在中央层面建立起督察和示范创建"两手抓"的工作机制。先后部署开展食品药品监管执法司法专项督察，营造法治化营商环境、保护民营企业发展专项督察工作。七是推动全国法治政府建设示范创建。创建活动已于 2019 年、2021 年开展两批。第一批评选出 40 个全国法治政府建设示范市（县、区）和 24 个全国法治政府建设示范项目，第二批评选出 50 个全国法治政府建设示范市（县、区）和 59 个全国法治政府建设示范项目。2023 年 6 月，中央依法治国办部署开展第三批全国法治政府建设示范创建活动，计划经过两轮评选，于 2024 年 10 月前从全国各省推荐的 100 多个综合示范地区和 150 多个单项示范项目中，评出入选名单。此外在目标设定上，《法治政府建设实施纲要（2021—2025 年)》明确提出："全面建设职能科学、权责法定、执法严明、公开公正、智能高效、廉洁诚信、人民满意的法治政府"。

第三，司法体制综合配套改革深入推进。2019 年 2 月，最高人民法院发布《关于深化人民法院司法体制综合配套改革的意见——人民法院第五个五年改革纲要（2019—2023）》（简称"五五改革纲要"）。主要任务包括：把党的政治建设摆在首位，坚持围绕中心、服务大局，把满足人民群众不断增长的司法需求作为人民法院工作基本导向，进一步深化司法公开，全面落实司法责任制，[1] 健全适应国家发展战略需要的人民法院组织体系，深化人民法院内设机构改革，加强人民法庭建设和专业化审判机制建设，深化以审判为中心的刑事诉讼制度改革，全面推进执行规范化建设和人民法院队伍建设，[2] 构建中国特色社会主义法院人员分类管理和职业保障制度体系。经过不懈努力，人民法院已建成集约集成、在线融合、普惠均等的一站式多元纠纷解决和诉讼服务体系。为解决群众异地诉讼不方便等问题，最高人民法院推动实现了跨域立案全国覆盖，群众可以直接在网上申请，实现了"异地受理""无差别办理"。全国法院现已建成超过 1.3 万个覆盖城乡跨域立案网点，做到了 90% 的申请 30 分钟内响应。此外，以人民法院在线服务平台为总入口，集成了在线调解、电子送达、委托鉴定等 10 个平台，实现打官司全流程"掌上办理"。全国法院 2021

---

[1]　周强：《全面落实司法责任制，切实提升审判质效和司法公信力》，《人民司法》2019 年第 19 期。

[2]　参见《最高人民法院关于深化人民法院司法体制综合配套改革的意见——人民法院第五个五年改革纲要（2019—2023）》。

年在线调解纠纷突破 1000 万件，平均每分钟就有 51 件纠纷成功化解在诉前，诉前调解平均办理时长为 17 天，比诉讼少 39 天。此外，为加快顺应时代进步和科技发展的诉讼制度建设，人民法院还推进三大诉讼制度改革，健全完善民事、行政案件法律文书送达机制，深入推进智慧法院基础设施建设等。2018 年，全国检察机关共批准逮捕各类犯罪嫌疑人 1056616 人，提起公诉 1692846 人，同比分别下降 2.3%和 0.8%。严惩故意杀人、绑架等严重暴力犯罪，共起诉 59717 人，同比下降 5.9%。起诉抢劫、抢夺、盗窃等多发性侵财犯罪 361478 人，同比下降 6.9%。2019 年，全国检察机关全年共办理各类案件 314.6 万件，其中，审查逮捕案 935432 件，审查起诉案件 1413742 件，刑事、民事、行政申诉案件 258520 件，公益诉讼案件 126912 件，诉讼活动违法监督案件 411686 件。2020 年，全国检察机关共办理各类案件 301 万件，同比下降 19.4%；受理的审查逮捕、审查起诉、申诉案件同比分别下降 30.6%、12.4%和 46.1%；主动履职的公益诉讼、诉讼监督案件同比分别上升 19.2%和 9.6%。2021 年，全国检察机关共办理各类案件 363.7 万件，同比上升 20.9%。最高人民检察院制定司法解释 19 件，制发指导性案例 8 批 37 件、典型案例 76 批 563 件；全年批准逮捕各类犯罪嫌疑人 868445 人，提起公诉 1748962 人，同比分别上升 12.7%和 11.2%。

第四，监察法治建设成效显著。2018 年 3 月 20 日，十三届全国人大一次会议通过《监察法》；2021 年 9 月 20 日，国家监察委员会公布《监察法实施条例》。随着《监察法》《监察法实施条例》《政务处分法》《监察官法》等多部法律法规的相继出台，进一步实化细化监察权的规范化运行，形成较为科学完备、权威高效的监察立法体系，监察工作规范化、制度化、法治化水平迈上新的更高台阶。十三届全国人大常委会采取一系列措施，在立法、修法、释法、作出决定中开展合宪性审查工作，推进合宪性审查工作显性化、规范化、常态化。如制定监察法、外商投资法，修改刑事诉讼法，修订人民法院组织法、人民检察院组织法，修改人口与计划生育法，通过关于设立上海金融法院、关于宪法和法律委员会职责问题、关于国家监察委员会制定监察法规、关于中国人民解放军现役士兵衔级制度等决定时，都进行了合宪性审查，遵循宪法规定和宪法原则作出适当处理。2020 年 8 月 10日，全国人大常委会首次听取国家监委关于开展反腐败国际追逃追赃工作情况的报告。报告披露的一组组翔实数据，生动反映了反腐败国际追逃追赃的成功实践。国家监委依法履行组织协调职责，推动追逃追赃和防逃工作取得重要成果。

在进行总体性评价的同时，还特别指出我们依照宪法和基本法有效实施对香港特别行政区的全面管治权的典型事例。自 2019 年 6 月以来，香港反对派和一些激进势力借和平游行集会之名，进行各种激进抗争活动。虽然香港特别行政区政府已多次表示修订《逃犯条例》工作已彻底停止，但他们继续以"反修例"为幌子，不断升级暴力行为，社会波及面越来越广。从 6 月开始的游行屡屡演变为暴力冲突，其行动完全超出了和平游行示威的范畴。香港警察总部两度被包围，政府部门受到滋扰，特区立法会大楼更遭到严重冲击和大肆破坏。反中乱港势力不断挑战宪法和基本法的权威，以夺取香港特别行政区管治权、实施"颜色革命"为目的，肆无忌惮挑战"一国两制"原则底线，冲击香港特别行政区宪制秩序，破坏香港法治。① 对此，2020 年 6 月 30 日十三届全国人大常委会 20 次会议表决通过《中华人民共和国香港特别行政区维护国家安全法》并决定列入香港基本法附件三，明确规定了中央人民政府对有关国家安全事务的根本责任和香港特别行政区维护国家安全的宪制责任等 6 项内容，香港局势实现由乱到治，起到"一法安香江"的作用。目前，香港特别行政区政治稳定、社会持续进步，相关的局势平稳向好。这个事例和 2018 年修宪、2020 年颁布民法典等重要立法例一样，都足以说明过去五年法治建设的显著成就。

（四）新时代十年的法治理论与实践成果

党的二十大报告总结了新时代十年取得的十六个标志性成果。其中第八条是"我们坚持走中国特色社会主义政治发展道路，全面发展全过程人民民主，社会主义民主政治制度化、规范化、程序化全面推进……社会主义法治国家建设深入推进，全面依法治

新时代十年的法治理论与实践成果

国总体格局基本形成，中国特色社会主义法治体系加快建设，司法体制改革取得重大进展，社会公平正义保障更为坚实，法治中国建设开创新局面"。这个结论是经过了新时代法治实践检验的科学判断，是人民群众有实实在在幸福感获得感安全感的现实成就，可以从理论成果和实践成果两方面予以证成：

---

① 中华人民共和国国务院新闻办公室：《"一国两制"下香港的民主发展》白皮书，2021 年 12 月发表。

1. 法治理论成果

中国特色社会主义法治理论的视野与境界实现历史性跨越，创造性地提出了一系列战略性、实践性、真理性、指导性的新理念新思想新战略，并在坚持党对全面依法治国的领导、以人民为中心和中国特色社会主义法治道路基础上，形成并确立了集大成的新时代中国特色社会主义法治理论体系——习近平法治思想，作为新时代中国发展进步、实现中华民族伟大复兴"法治梦"的核心标识。

习近平法治思想是对全面依法治国和中国特色社会主义法治最新实践的科学总结和理论升华，是中华民族对世界法治文明和人类法治文化的原创性理论贡献，也是马克思主义法学中国化的重大理论成果和中国特色社会主义法治理论的最新成果，是全面依法治国、建设法治中国、推进法治强国的理论基础和指导思想。[1] 它深刻阐释了我国社会主义法治的理论依据、本质特征、价值功能、内在要求、中国特色、基本原则、发展方向等重大问题，系统论述了什么是社会主义法治，如何推进依法治国、建设社会主义法治国家和中国特色社会主义法治体系，如何在法治轨道上推进国家治理现代化和法治化等一系列根本性问题，[2] 对于拓展中国特色社会主义法治道路，构建中国特色社会主义法学理论体系，发展中国特色社会主义法治文化，建设中国特色社会主义法治体系，加快推进法治中国建设，具有重大的政治意义、理论意义、实践意义和世界意义。

---

[1] 参见张文显：《习近平法治思想研究（上）》，《法制与社会发展》2016 年第 2 期。

[2] 参见李林：《开启新时代中国特色社会主义法治新征程》，《环球法律评论》2017 年第 6 期。

2. 法治实践成果

一是法治建设战略实现历史性转变，法治中国建设开创崭新局面。在法治建设目标上，实现从"形成中国特色社会主义法律体系"到"建设中国特色社会主义法治体系，建设社会主义法治国家"的历史性转变；在法治建设布局上，实现从"依法治国""依法执政""依法行政"到"依法治国、依法执政、依法行政共同推进，法治国家、法治政府、法治社会一体建设"的历史性转变；在法治建设方针上，实现从"有法可依、有法必依、执法必严、违法必究"到"全面推进科学立法、严格执法、公正司法、全民守法"的历史性转变。

二是社会主义法治体系加快建设，各个领域各个方面均取得历史性进展。法律规范体系更加完备，法治实施体系更加高效，法治监督体系日趋严密，法治保障体系更加有力，党内法规体系日益完善。

三是法治工作质效取得历史性突破，立执司守监各个环节均有重大进展。立法质量和效率显著提高，政府依法行政能力水平大幅提升，司法体制改革取得显著成效，法治社会建设迈出重大步伐，法治工作队伍建设明显加强，涉外法治工作显著加强，推动社会主义法治稳步迈向良法善治新境界。

四是法治保障能力实现历史性提升，人权和社会公平正义保障更为坚实。习近平法治思想坚持胸怀天下论法治、立足全局谋法治、着眼整体行法治，把法治贯穿于改革发展稳定、内政外交国防、治党治国治军，最大限度释放法治在国家治理中的强大效能。

五是法治中国建设的战略布局得到切实擘画和落实，全面依法治国总体格局基本形成。党的十九大明确提出，到2035年基本建成法治国家、法治政府、法治社会，党中央先后印发《法治中国建设规划（2020—2025年)》《法治社会建设实施纲要（2020—2025年)》和《法治政府建设实施纲要（2021—2025年)》，确立了新时代法治中国建设的路线图、时间表、任务书。其结果必然是以"在法治轨道上全面建设社会主义现代化国家"作为基本任务和目标愿景。

三、新时代党对法治的理论认识和实践探索

新时代党对法治的理论认识和实践探索

　　2012年，党的十八大在之前历次大会上所提出依法治国方略的基础上，做出"全面推进依法治国，加快建设社会主义法治国家"的战略部署，强调要更加注重发挥法治在国家治理和社会管理中的重要作用；明确提出"科学立法、严格执法、公正司法、全民守法"的法治建设"新十六字方针"；明确提出到二〇二〇年法治建设五大阶段性目标任务，即依法治国基本方略全面落实，法治政府基本建成，司法公信力不断提高，人权得到切实尊重和保障，国家各项工作法治化；明确提出要"提高领导干部运用法治思维和法治方式深化改革、推动发展、化解矛盾、维护稳定能力"；重申"任何组织或者个人都不得有超越宪法和法律的特权，绝不允许以言代法、以权压法、徇私枉法"。由此拉开了全面推进依法治国的序幕。

　　2013年，党的十八届三中全会通过《中共中央关于全面深化改革若干重大问题的决定》，将"完善和发展中国特色社会主义制度，

推进国家治理体系和治理能力现代化"作为全面深化改革的总目标，第一次提出"推进建设法治中国"的伟大任务和崭新命题，并将之作为中国法治建设的最高目标。提出"必须坚持依法治国、依法执政、依法行政共同推进，坚持法治国家、法治政府、法治社会一体建设。深化司法体制改革，加快建设公正高效权威的社会主义司法制度，维护人民权益，让人民群众在每一个司法案件中都感受到公平正义"。这些新理念连同数十项深化法治改革的实际举措，对打造中国法治模式、探明法治路径、开创中国法治建设的新局面意义深远。

2014 年，党的十八届四中全会通过《关于全面推进依法治国若干重大问题的决定》，科学系统地提出了全面推进依法治国的指导思想、基本原则、总目标、总抓手和基本任务、法治工作的基本格局，阐释了中国特色社会主义法治道路的核心要义，回答了党的领导与依法治国的关系等重大问题，制定了加快法治中国建设的总体方案，按下了全面依法治国的"快进键"。执政的共产党专门作出全面依法治国的政治决定，这在世界共运史上、在中共党史上、在中华人民共和国国史上，都是史无前例、彪炳千秋的第一次，在中国法治史上具有突出的里程碑意义。①

2015 年，党的十八届五中全会面向全党第一次提出"创新、协调、绿色、开放、共享"的新发展理念，强调法治是发展的可靠保障，必须加快建设法治经济和法治社会，把经济社会发展纳入法治轨道，明确了到二〇二〇年全面建成小康社会时的法治中国建设的阶段性目

---

① 冯玉军：《中国法治的发展阶段和模式特征》，《浙江大学学报（人文社会科学版）》2016 年第 3 期。

标，为实现全面依法治国的总目标奠定了坚实基础。

2016 年，党的十八届六中全会专题研究全面从严治党问题，照应法治基本方略，提出思想建党和制度治党的核心主题，体现了依规治党与依法治国的结合，通过完善"四个全面"战略布局进一步深化了全面依法治国的战略地位和重要作用，进一步强化了全面从严治党对推进全面依法治国、建设法治中国的政治保障作用。

2017 年，党的十九大作出中国特色社会主义进入新时代、中国社会主要矛盾已经转化等重大战略判断，确立了习近平新时代中国特色社会主义思想的历史地位，深刻回答了新时代坚持和发展中国特色社会主义的一系列重大理论和实践问题。党的十九大报告在第六个大标题"健全人民当家作主制度体系，发展社会主义民主政治"之下，前三个问题"坚持党的领导、人民当家作主、依法治国有机统一""加强人民当家作主制度保障""发挥社会主义协商民主重要作用"是社会主义法治建设的前提和基础，讲社会主义民主政治问题。第四个问题"深化依法治国实践"，讲社会主义法治是民主政治建设的体现和保障。并提出"全面依法治国是国家治理的一场深刻革命"的重要论断，要求"成立中央全面依法治国领导小组，加强对法治中国建设的统一领导。""加强宪法实施和监督，推进合宪性审查工作，维护宪法权威。"在对立法工作、司法体制改革、法治政府和法治文化建设予以创新论述的基础上，强调"任何组织和个人都不得有超越宪法法律的特权，绝不允许以言代法、以权压法、逐利违法、徇私枉法"。从而指明了全面推进依法治国的战略发展方向。

2018 年 1 月，党的十九届二中全会审议通过了《中共中央关于修改宪法部分内容的建议》。2月，党的十九届三中全会审议通过《中共中央关于深化党和国家机构改革的决定》，着力构建系统完备、科学规范、运行高效的党和国家机构职能体系，实现国家治理体系和治理能力现代化的要求。3月，十三届全国人大一次会议高票通过了新时代首次宪法修正案，确立了习近平新时代中国特色社会主义思想在国家政治和社会生活中的指导地位，调整充实了中国特色社会主义事业总体布局和第二个百年奋斗目标的内容，完善了依法治国和宪法实施举措，充实了坚持和加强中国共产党全面领导的内容，调整了国家主席任职方面的规定，增加了有关监察委员会的各项规定，实现了现行宪法的又一次与时俱进和完善发展。

2020年11月召开的中央全面依法治国工作会议，正式确立了内涵丰富、论述深刻、逻辑严密、系统完备的习近平法治思想，用"十一个坚持"系统阐述了新时代推进全面依法治国的重要思想和战略部署，深入回答了我国社会主义法治建设一系列重大理论和实践问题，明确了习近平法治思想在全面依法治国工作中的指导地位，是全党全国人民为建设社会主义现代化法治强国、实现中华民族伟大复兴而奋斗的指导思想和行动指南。

2021年，党的十九届六中全会召开，审议通过了《中共中央关于党的百年奋斗重大成就和历史经验的决议》。《决议》表明，共产党人从建党起就有清醒而明确的历史意识，正是在引领新民主主义和社会主义革命、改革开放和社会主义现代化建设和新时代中国特色社会主义的实践的、进步的历史进程中，中国共产党和中国人民的政治自觉、革命意识、民族精神、国家意志、天下情怀，经过百年实践和理论积淀，形成了党的历史哲学和历史理论体系。《决议》总结出的十条宝贵的历史经验，对于把握全面依法治国的伟大实践有极其重要的启示作用：使我们更加深刻地认识到坚持和加强党对全面依法治国领导、坚持人民至上落实法治为民、坚持中国道路推进全面依法治国、坚持胸怀天下推进涉外法治建设的必然性和重要性。

在以往党的大会报告和全会决议基础上，党的二十大报告在立意谋篇上做了重大调整创新，将"加强人民当家作主制度保障""全面发展协商民主""积极发展基层民主""巩固和发展最广泛的爱国统一战线"统归于第六个大标题"发展全过程人民民主，保障人民当家作主"之中，政治概念、政治原理、政治模式熔于一炉，使得社会主义民主政治的逻辑更严谨、理论更周延。以第七个大标题"坚持全面依法治国，推进法治中国建设"全篇论述法治问题，这是建党以来党的代表大会报告中首次将法治问题单列大标题，不仅表明法治建设的高度重要性，而且以其成熟的习近平法治思想和系统的法治实践创新为标志，在法治轨道上全面建设社会主义现代化国家。

一是从政治意义上看，进一步宣示了我们党矢志不渝推进法治建设的坚定决心，彰显了我们党不仅是敢于革命、善于建设、勇于改革的政党，更是信仰法治、坚守法治、建设法治的政党，是我们党坚持全面依法治国的政治宣言。二是从理论意义上看，进一步丰富和发展了习近平法治思想，深化了对中国共产党依法执政规律、社会主义法治建设规律、人类社会法治文明发展规律的认识，是我们党推进法治中国建设的纲领性文献。三是从实践意义上看，进一步深化和拓展了新时代党和国家工作布局，表明了将全面推进国家各方面工作法治化，是我们党治国理政的重要治理方式。

四、建设中国式现代化的法治命题

（一）在法治轨道上全面建设社会主义现代化国家

这一崭新命题讲清了全面依法治国与全面建设社
会主义现代化国家的关系。习近平总书记指出："我们
提出全面推进依法治国，坚定不移厉行法治，一个重
要意图就是为子孙万代计、为长远发展谋。"① 更好发

在法治轨道上
全面建设社会
主义现代化国
家

挥法治固根本、稳预期、利长远的保障作用，在法治
轨道上全面建设社会主义现代化国家，实现中华民族
伟大复兴法治梦，是新时代中国特色社会主义法治建设的历史使命，
也是习近平法治思想确立与发展的根本动力。必须坚持以习近平法治
思想为指引，坚持全面依法治国，深入推进新时代法治中国建设。

法治兴则民族兴，法治强则国家强。中国特色社会主义进入新时
代，意味着近代以来久经磨难的中华民族迎来了从站起来、富起来到
强起来的伟大飞跃。党的二十大报告强调指出："从现在起，中国共
产党的中心任务就是团结带领全国各族人民全面建成社会主义现代化
强国、实现第二个百年奋斗目标，以中国式现代化全面推进中华民族
伟大复兴。"中国式现代化的本质要求是："坚持中国共产党领导，坚

---

① 中共中央文献研究室编：《习近平关于全面依法治国论述摘编》，中央文献出版社
2015年版，第12—13页。

持中国特色社会主义，实现高质量发展，发展全过程人民民主，丰富人民精神世界，实现全体人民共同富裕，促进人与自然和谐共生，推动构建人类命运共同体，创造人类文明新形态。"面对如此崇高而艰巨的使命任务，必须把全面依法治国摆在更加突出的位置，深刻认识在法治轨道上全面建设社会主义现代化国家的重大意义。

第一，全面依法治国对党和国家事业发展和人民整体利益具有全局性意义。坚持把依法治国作为治国理政的基本方略、把法治作为基本方式，是我们党领导人民在社会主义革命、建设和改革实践探索中得出的重要结论和作出的重大抉择。无论是实现"两个一百年"奋斗目标，还是实现中华民族伟大复兴的中国梦，全面依法治国既是重要内容，又是重要保障。当前我们面临的新形势，要求把推进全面依法治国与中国共产党带领人民实现中华民族伟大复兴的崇高历史使命紧密结合起来、深度融合起来，把全面依法治国融入我们党进行伟大斗争、建设伟大工程、推进伟大事业、实现伟大梦想的历史洪流，成为实现中华民族站起来、富起来和强起来的法治守护神，成为统筹推进"五位一体"总体布局、协调推进"四个全面"战略布局的法治助推器，成为决胜全面建成小康社会、开启全面建设社会主义现代化国家新征程的法治定盘星。

第二，以中国式现代化全面推进中华民族伟大复兴，必须始终坚持法治方式和法治轨道。把党和国家工作纳入法治化轨道，坚持在法治轨道上整合资源、平衡利益、调节关系、规范行为、解决矛盾，充分发挥法治的引领、规范和保障作用，以深化依法治国实践检验法治建设成效，着力固根基、扬优势、补短板、强弱项，推动各方面制度更加成熟、更加定型，逐步实现国家治理制度化、程序化、规范化、法治化。① 具体到"五位一体"总体布局，就要用法治思维和法治方式把"五位"整合为"一体"：要完整、准确、全面贯彻新发展理念，依法促进和保障社会主义市场经济改革和高水平对外开放，加快构建以国内大循环为主体、国内国际双循环相互促进的新发展格局；要始终坚持党的领导、人民当家作主、依法治国有机统一，依宪治国、依宪执政，发展全过程人民民主，坚定不移走中国特色社会主义政治发展道路；要大力提升文化法治和法治文化建设水平，推动社会主义核心价值观全面融入法治建设，增强实现中华民族伟大复兴的精神力量；要建设促进实现共同富裕的法律体系，依法增进民生福祉、抗击新冠疫情、健全公共卫生体系，维护人民群众在分配、就业、社会保障等方面的权益；要加快制定生态环境法典，依法推动绿色发展，促进人与自然和谐共生，建设美丽中国。

第三，以中国式现代化全面推进中华民族伟大复兴，必须更好发挥法治固根本、稳预期、利长远的保障作用。要充分发挥全面依法治国的抓手作用，深刻认识全面依法治国同其他"三个全面"的关系，努力做到"四个全面"相辅相成、相互促进、相得益彰。为党和国家事业发展提供根本性、全局性、长期性的制度支持。新时代的法治新征程中，我们要坚持以习近平法治思想为指引，完善和发展中国特色社会主义制度，建设更加科学完善的法治体系，提高

---

① 参见中共中央宣传部、中央全面依法治国委员会办公室编：《习近平法治思想学习纲要》，人民出版社、学习出版社2021年版，第63—64页。

运用国家制度体系治党治国治军的能力，努力建设更高水平的法治中国。

第四，应对重大挑战、抵御重大风险、克服重大阻力、解决重大矛盾，必须坚持提供社会主义法治体系的制度保障。当今世界正经历百年未有之大变局，国际形势复杂多变，改革发展稳定、内政外交国防、治党治国治军各方面任务之繁重前所未有，我们面临的风险挑战及其复杂性、艰巨性、不确定性非常突出。要打赢防范化解重大风险攻坚战，必须坚持和完善中国特色社会主义制度，运用制度威力应对风险挑战的冲击，保持权利与义务、权力与责任、激励和惩罚、实体与程序的平衡，从立法、执法、司法、普法、守法各环节全面发力，依法依规依程序办事，实现社会矛盾纠纷多元化解，为在法治轨道上全面建设社会主义现代化国家提供有力的制度保障。

（二）全面推进国家各方面工作法治化

全面推进国家
各方面工作
法治化

实现国家工作法治化，是新世纪以来中国特色社会主义法治建设的一条主线。2007 年，党的十七大首次提出"实现国家各项工作法治化"的目标任务，并将其写入《中国共产党章程》。党的十八大以后，习近平总书记进一步强调全面推进依法治国，"实现国家各项工作法治化"。十五年来，党领导人民持续推进国家工作法治化，取得了显著成效。党的二十大发出"全面推进国家各方面工作法治化"的前进号令。这既是未来五年实现"中国特色社会主义法治体系更加完善"目标任务的应有之义，也是"坚持全面依法治国、推进法治中国建设"工作部署的预期成效和检验标准。

坚定不移全面推进国家各方面工作法治化的重要意义在于：

第一，是深刻总结国内外正反两方面经验得出的真理性结论。"文革"结束后，保障人民民主、加强法制建设，实现"有法可依、有法必依、执法必严、违法必究"成为新时期法制建设的基本方针，实现了从"阶级斗争为纲"向社会主义法制建设的伟大转折。① 邓小平同志提出："为了保障人民民主，必须加强法制。必须使民主制度化、法律化，使这种制度和法律不因领导人的改变而改变，不因领导人的看法和注意力的改变而改变。"②1981 年 6 月召开的十一届六中全会通过了《关于建国以来党的若干历史问题的决议》，强调要完善国家的宪法和法律并使之成为任何人都必须严格遵守的不可侵犯的力量，使社会主义法制成为维护人民权利，保障生产秩序、工作秩序、生活秩序，制裁犯罪行为，打击阶级敌人破坏活动的强大武器。其后，以制定 1982 年《宪法》和《民法通则》、《刑法》、《刑事诉讼法》等重要法律为标志，逐步实现国家治理的法律化、制度化。③ 到 2010 年底，中国特色社会主义法律体系宣告形成，国家经济建设、政治建设、文化建设、社会建设以及生态文明建设的各个方面实现有法可依。④ 在40 多年来法治建设成果基础上，进一步提出全面推进国家各方面工作法治化，是打造法治中国 2.0 版的正确抉择。

---

① 参见冯玉军：《习近平法治思想确立的实践基础》，《法学杂志》2021 年第 1 期。

② 《邓小平文选》第二卷，人民出版社 1994 年版，第 146 页。

③ 参见冯玉军：《习近平法治思想确立的实践基础》，《法学杂志》2021 年第 1 期。

④ 参见中华人民共和国国务院新闻办公室：《中国特色社会主义法律体系》白皮书，2011 年 10 月发表。

第二，是在法治轨道上推进国家治理现代化的必然结果。以制度治党治国，是我们党长期以来不懈探索的重大课题。1980年，邓小平指出："领导制度、组织制度问题更带有根本性、全局性、稳定性和长期性。这种制度问题，关系到党和国家是否改变颜色，必须引起全党的高度重视。"1992年，邓小平指出："恐怕再有三十年的时间，我们才会在各方面形成一整套更加成熟、更加定型的制度。"随后，党的十四大提出"到建党一百周年的时候，我们将在各方面形成一整套更加成熟更加定型的制度。"党的十五大、十六大、十七大都对制度建设提出明确要求。党的十九大对法治建设做了两阶段战略安排，到二〇三五年法治国家、法治政府、法治社会基本建成，各方面制度更加完善，国家治理体系和治理能力现代化基本实现；到本世纪中叶，实现国家治理体系和治理能力现代化。全面推进依法治国是一项庞大的系统工程，必须统筹兼顾、把握重点、整体谋划，在共同推进上着力，在一体建设上用劲。在新时代的法治实践中，在习近平法治思想的正确引领下，始终把法治建设放在党和国家工作大局中统筹推进、立足全局和长远考虑谋划，将全面依法治国贯彻到改革发展稳定、治党治国治军、内政外交国防等各个领域各个方面，依法治国、依法执政、依法行政共同推进，法治国家、法治政府、法治社会一体建设，取得显著成效。用不断完善的法治体系促进和保障党和国家治理体制更加成熟更加定型，为党和国家事业发展、为人民幸福安康、为社会和谐稳定提供一整套更完备、更稳定、更管用的制度体系。

第三，是坚定不移推进法治领域改革，为解决各方面问题提供法治化方案的紧迫要求。全面依法治国是国家治理的一场深刻革命，必然涉及各方面的重大利益，甚至触动某些部门和个人的"奶酪"。实践中，"一些党员、干部仍然存在人治思想和长官意识，认为依法办事条条框框多、束缚手脚，凡事都要自己说了算，根本不知道有法律存在，大搞以言代法、以权压法。这种现象不改变，依法治国就难以真正落实"①。解决法治领域的突出问题，根本途径在于改革。法治领域改革涉及的主要是公检法司等国家政权机关和强力部门，社会关注度高，改革难度大，更需要自我革新的胸襟。各部门各方面一定要增强大局意识，自觉在大局下思考、在大局下行动，跳出部门框框，做到相互支持、相互配合。② 要把解决好人民群众急难愁盼问题和人民群众是否得到更多公平正义作为评价法治改革成效的标准。不仅政法机关各部门，全面依法治国关涉的其他各系统、各部门、各地方、各单位，都要跳出"部门本位""地方本位""系统本位"等窠臼，在中央全面依法治国委员会的集中统一领导下，从党和国家工作大局和全局出发，破除一切束缚推进全面依法治国的体制机制障碍。提高运用法治思维和法治方式深化改革、推动发展、化解矛盾、维护稳定的能力，做到办事依法、遇事找法、解决问题用法、化解矛盾靠法，从而实现经济发展、政治清明、文化昌盛、社会公正、生态良好的善治局面。

"国家各方面工作法治化"命题内涵丰富、意义深刻。总体上是指把国家各方面工作纳入法治轨道，坚持以法治理念、法治思维、法

---

① 《习近平谈治国理政》第二卷，外文出版社 2017 年版，第 116 页。
② 参见《习近平谈治国理政》第二卷，外文出版社 2017 年版，第 123 页。

治程序、法治方式、法治机制开展工作，坚持依法执政、依法立法、依法行政、依规依法监察、依法公正司法，坚持法定职责必须为、法无授权不可为，在国家工作的各个方面各个环节都增强合宪性合法性、减少违法性违规性。具体而言，"国家各方面工作法治化"，意味着：第一，把国家改革、开放、发展、安全等具有全局性的各项工作，经济建设、政治建设、文化建设、社会建设、生态文明建设、国防军队建设等具有主干性的各项事业均纳入法治轨道，在法治轨道上全面建设社会主义现代化国家。第二，把政党治理、政府治理、军队治理、社会治理、经济治理、互联网治理、新兴科技治理、公共卫生治理、生态治理等国家治理工作纳入法治轨道。第三，把国家和地方的立法、执法、司法、普法等专门法治工作纳入法治轨道。第四，统筹推进国内法治和涉外法治，协调推进国内治理和国际治理，在法治轨道上推动国际关系和全球治理民主化、公正化、共赢化。①

（三）新时代立法工作的创新表述

新时代立法工作的创新表述

法律是治国理政最大最重要的规矩。建设中国特色社会主义法治体系，必须坚持立法先行，发挥立法的引领和推动作用。

习近平总书记在庆祝全国人民代表大会成立 60 周年大会上的讲话中就对立法工作提出明确要求："形势在发展，时代在前进，法律体系必须随着时代和实践发展而不断

① 参见张文显：《全面推进国家各方面工作法治化　认真做好"全面推进"的重点工作》，《法制与社会发展》2022 年第 6 期。

发展。"①"要完善立法规划，突出立法重点，坚持立改废并举，提高立法科学化、民主化水平，提高法律的针对性、及时性、系统性。要完善立法工作机制和程序，扩大公众有序参与，充分听取各方面意见，使法律准确反映经济社会发展要求，更好协调利益关系，发挥立法的引领和推动作用。"②党的十九大报告关于立法工作强调："推进科学立法、民主立法、依法立法，以良法促进发展、保障善治。"党的二十大报告沿用了历次大会报告中的表述，以"完善以宪法为核心的中国特色社会主义法律体系"为标题深入阐明依宪执政和立法工作。创新表述并着重强调要"加强重点领域、新兴领域、涉外领域立法""统筹立改废释纂，增强立法系统性、整体性、协同性、时效性"努力以良法促进发展、保障善治。从而在总结十年立法工作成就与经验的基础上，擘画了未来立法的目标任务和重点方向。

第一，加强重点领域、新兴领域、涉外领域立法。服务国家发展战略，推进全面依法治国，需要我们进一步加强重点领域、新兴领域、涉外领域立法，不断完善以宪法为核心的中国特色社会主义法律体系。对此，习近平总书记做了细致入微的指示："要加强重点领域立法，及时反映党和国家事业发展要求、人民群众关切期待，对涉及全面深化改革、推动经济发展、完善社会治理、保障人民生活、维护国家安全的法律抓紧制订、及时修改。"③党的十八大以来，在以

---

① 习近平：《在庆祝全国人民代表大会成立 60 周年大会上的讲话》，人民出版社 2014 年版，第 9 页。

② 《习近平谈治国理政》第一卷，外文出版社 2018 年版，第 144 页。

③ 《习近平谈治国理政》第二卷，外文出版社 2017 年版，第 121 页。

习近平同志为核心的党中央坚强领导下，立法工作稳步推进，立足实践加强重点领域、新兴领域和涉外领域立法，不断提高立法质量和效率，实现立法精细化、良善化和治理现代化，努力为改革发展稳定大局做好法治服务和保障，推动以宪法为核心的法律体系不断完善发展，取得了丰硕成就。以全国人大及其常委会立法为例，在政治建设领域，制定了监察法、国家勋章和国家荣誉称号法、国歌法、英雄烈士保护法等，健全保证宪法实施的法律制度；在经济建设领域，编纂出台民法典，制定了外商投资法、电子商务法、旅游法、资产评估法、航道法、环境保护税法、烟叶税法、船舶吨税法、耕地占用税法、车辆购置税法、资源税法等；在文化建设领域，制定了公共文化服务保障法、公共图书馆法、电影产业促进法；在社会建设领域，制定了慈善法、疫苗管理法、中医药法、反家庭暴力法、特种设备安全法等；在环境与生态建设领域，制定了土壤污染防治法等。

　　法经济学的研究表明，立法活动存在边际收益递减规律，也即当立法数量增加到一定程度后，新增立法的效益将逐渐减少、成本则越来越高。更何况，在满足"有法可依"目标的初级阶段结束后，有待立法调整的多是改革开放留下来比较难处理的社会利益关系和各种新问题新挑战。习近平总书记指出："要积极推进国家安全、科技创新、公共卫生、生物安全、生态文明、防范风险、涉外法治等重要领域立法，健全国家治理急需的法律制度、满足人民日益增长的美好生活需要必备的法律制度。"[1]这意味着，从立法易到立法难，原来那种

---

[1]　《习近平谈治国理政》第四卷，外文出版社 2022 年版，第 293 页。

移植照搬发达国家立法或港澳台地区制度经验的做法无以为继，必须突出问题导向、解决实际问题，推进系统有效的治理创新，填补空白点、补强薄弱点。从立法机关独立作战、偏重职能部门立法到多部门协同作战，注意中央和地方的事权平衡，多领域、多部门的综合协调立法。过去立法围绕经济建设这个中心，偏重加快市场经济法律的制定，新时代立法不仅要综合考虑经济、政治、社会、文化、生态五大建设，而且要服务国家发展战略，进一步加强重点领域、新兴领域、涉外领域等立法。充分运用大数据、云计算、人工智能等现代科技手段，实现立法的信息化、数字化、智能化、智慧化。[①] 在立法征求意见快速智能整理、立法社情民意智能整理、立法参考资料有效提供、法律法规辅助起草、法律法规草案初步审查、立法方案辅助优化选择、立法社会风险评估和立法后评估、规范性文件备案审查、规范性文件清理自动提示等场景得到全面运用。立法是政治行为和政治进程，需要广泛的民主参与和社会监督，当前立法的公众社会参与还不是很高，立法公开的方式方法还需要再创新，进一步增加立法透明度和公众获得感。在地方立法领域，需要认真看待经济市场化、国际化对地方立法供求的影响，深入研究高联互通社会发展与地方立法 / 政策创新的关系，加强对民生保障、文化 / 文明再造的地方立法引领，加大对生态环境保护的地方立法保障和生态立法协同等。

就习近平总书记提及的前述领域，国家立法机关已做了相当的努力：一是国家安全立法取得重大进展。先后制定国家安全法、网络安

---

① 高绍林、张宜云：《人工智能在立法领域的应用与展望》，《地方立法研究》2019 年第
1 期。

全法等基础性、综合性法律；制定反间谍法、反恐怖主义法、国家情报法、国防交通法、核安全法、深海海底区域资源勘探开发法、境外非政府组织境内活动管理法等相关法律。2020—2021 年又相继制定出台生物安全法、出口管制法、香港特别行政区维护国家安全法、数据安全法、个人信息保护法等，填补了相关领域的立法空白，为维护国家安全提供了有力法治保障。二是科技创新立法更加完善。近年来，我国先后修改了科技成果转化法、专利法、著作权法，保护知识产权，促进科技创新；在民法典、药品管理法、疫苗管理法以及刑法等法律中，也特别注意鼓励创新、保护创新。对数字经济、互联网金融、人工智能、大数据、云计算等新业态新模式新问题，也正在抓紧补齐短板。三是公共卫生领域立法迎头赶上。先后制定修改基本医疗卫生与健康促进法、中医药法、药品管理法、疫苗管理法等。制定修改动物防疫法、医师法等，大大强化了公共卫生法治保障，传染病防治法、国境卫生检疫法、进出境动植物检疫法、突发事件应对法、突发公共卫生事件应对法等法律的修改和制定都在推进中。四是生物安全立法补齐短板。2020 年全国人大常委会制定了生物安全法，确立了生物安全风险防控体制，明确了生物安全能力建设要求，梳理生物安全领域的八大风险点，规定了防范生物安全风险的十一项基本制度。同时也通过修改畜牧法、农产品质量安全法，完善病原微生物实验室生物安全管理、外来物种入侵防范与治理等方面的制度规范。五是环境和生态文明立法成果丰硕，实现了各领域的法律覆盖。修改制定了环境保护法、大气污染防治法、水污染防治法、固体废物污染环境防治法、土壤污染防治法等，为打赢蓝天、碧水、净土保卫战，污染防治攻坚战，提供有力法治保障。还制定修改了长江保护法、环境保护税法、资源税法、森林法、土地管理法等一批相关法律。生态环境领域也是有条件有基础研究启动法典编纂的领域之一，通过法典化实现生态环境立法更高层次的体系化、系统化。六是防范风险的立法逐步制定。突发事件应对法是预防和减少突发事件发生，控制、减轻和消除突发事件引起的严重社会危害的基础性法律；传染病防治法用以防范公共卫生风险。七是涉外领域立法日益增多。先后制定了外商投资法、国际刑事司法协助法、反外国制裁法等。

第二，统筹立改废释纂，增强立法系统性、整体性、协同性、时效性。新时代十年的立法工作整体上呈现出数量多、分量重、节奏快、效果好的特点。而且随着我国法律体系的不断完善，适应改革开放经济社会快速发展的新形势，我们坚持立改废释纂和决定并举，多种立法形式更广泛灵活地运用，确保重大改革于法有据。据权威机关统计，党的十八大以来，全国人大及其常委会新制定法律 68 件，修改法律 234 件，通过有关法律问题和重大问题的决定 99 件，作出立法解释 9 件，现行有效法律 292 件。这组数据跟上一个十年比较，新制定的法律数量增加了 1/3，修改的法律数量增加了近 2 倍，通过有关法律问题和重大问题的决定增加了 1.5 倍。[①]

具体而言，当前我国各方面主要的、基本的法律都已经具备。但随着经济社会的发展，过去制定的法律中出现了一些不适应现实变化

---

① 《中国人民解放军选举全国人民代表大会和县级以上地方各级人民代表大会代表的办法》，参见央视网 http://www.scio.gov.cn/xwfbh/xwbfbh/wqfbh/47673/48212/wz48214/Document/1723587/1723587.htm。

的情况，需要及时进行修改，以更好地发挥对现实生活的规范作用。除了制定新法之外，一是修改法律逐步成为立法工作的重要内容。根据修改法律的分量、比重，修法形式主要有全面修订（解放军人大代表选举办法）、局部修改（宪法、刑法修正案）和统筹修改（指多部法律中涉及同类事项或同一事由而集中予以修改的"打包"修改）三大类，具体实施采取哪一种修改方式，还需要灵活把握。二是及时废止不适应社会新形势的法律，消除经济社会发展的制度障碍，方式包括在法律中设置废止条款，制定专门的法律或作出专门的决定废止法律等。三是通过法律解释明确法律规定的含义，促进法律正确、有效实施。四是通过授权允许先行先试，支持和推动相关领域改革。五是通过作出有关法律问题和重大问题的决定，确保贯彻落实党中央的重大决策部署。六是在民法典颁布之后，还可考虑在刑法、生态环境法、行政程序法、知识产权法等领域适时开展法律编纂，保证法律规范体系的逻辑周延与效力融贯，推动法律规范法典化、法律制度系统化。七是适时开展法律清理，保证法律体系内部和谐统一。

（四）决策制度体系和法治政府建设的创新表述

决策制度体系和法治政府建设的创新表述

法治政府建设是全面依法治国的重点任务和主体工程。只有政府带头依法行政、依法办事，国家才能在法治轨道上有序发展。我们要深化行政执法体制改革，全面推进严格规范公正文明执法，强化行政执法监督机制和能力建设，全面提高法治政府建设水平。

第一，坚持科学决策、民主决策、依法决策，全面落实重大决策程序制度。这是涉及党依法执政和政府依法行政的重要问题。党的十八届四中全会《决定》强调："加强党对立法工作的领导，完善党对立法工作中重大问题决策的程序。凡立法涉及重大体制和重大政策调整的，必须报党中央讨论决定。党中央向全国人大提出宪法修改建议，依照宪法规定的程序进行宪法修改。"党中央印发的《法治政府建设实施纲要（2021—2025年)》强调要"健全行政决策制度体系，不断提升行政决策公信力和执行力"，提出"坚持科学决策、民主决策、依法决策，着力实现行政决策程序规定严格落实、决策质量和效率显著提高，切实避免因决策失误产生矛盾纠纷、引发社会风险、造成重大损失"。并分别从"强化依法决策意识""严格落实重大行政决策程序""加强行政决策执行和评估"进行细化实施。

党的二十大报告作了提纲挈领的概括，要求"坚持科学决策、民主决策、依法决策，全面落实重大决策程序制度"。删去了"行政"二字，意味着这个问题不限于行政工作，在党委领导和立法、司法等领域照样存在决策问题，同样适用。具体来说，狭义理解是指党政领导和有关部门要强化依法决策意识，从实际出发，发扬民主，严格遵循法定权限和程序作出决策，确保决策内容符合法律法规规定。行政机关主要负责人作出重大决策前，应当听取合法性审查机构的意见，注重听取法律顾问、公职律师或者有关专家的意见。把是否遵守决策程序制度、做到依法决策，作为对政府部门党组（党委）开展巡视巡察和对行政机关主要负责人开展考核督察、经济责任审计的重要内容，防止个人专断、搞"一言堂"。广义理解是指严格执行《重大行政决策程序暂行条例》，增强公众参与实效，提高专家论证质量，充分发挥风险评估功能，确保所有重大行政决策都严格履行合法性审查和集体讨论决定程序。推行重大行政决策事项年度目录公开制度。涉及社会公众切身利益的重要规划、重大公共政策和措施、重大公共建设项目等，应当通过举办听证会等形式加大公众参与力度，深入开展风险评估，认真听取和反映利益相关群体的意见建议。建立健全决策过程记录和材料归档制度。

第二，扎实推进依法行政。在所有的国家机关中，与群众关系最密切的是各级人民政府，国家的法律法规也需要各级政府来实施。政府的决策与执法活动是否符合法治精神和法治原则，不仅关系到法治国家依法治国能否建成，更关系到社会的稳定和人民的幸福。因此，必须牢牢抓住这个关键，在规范政府权力的行使、防止权力滥用、明确权力价值取向上做出全面的法治安排，并确保有效落实。从这个意义上说，"法治政府建设是全面依法治国的重点任务和主体工程"，必须"扎实推进依法行政"。需要强调的是，相较于党的十九大报告"建设法治政府，推进依法行政，严格规范公正文明执法"的简短论述，党的二十大报告对《法治政府建设实施纲要（2021—2025年）》作了提纲挈领的新概括，且篇幅大为增加。要求"转变政府职能，优化政府职责体系和组织结构，推进机构、职能、权限、程序、责任法定化，提高行政效率和公信力。深化事业单位改革。深化行政执法体制改革，全面推进严格规范公正文明执法，加大关系群众切身利益的重点领域执法力度，完善行政执法程序，健全行政裁量基准。强化行政执法监督机制和能力建设，严格落实行政执法责任制和责任追究制度。完善基层综合执法体制机制"。

（五）新时代司法工作的创新表述

党的二十大报告强调指出："公正司法是维护社会公平正义的最后一道防线"，强调要"严格公正司法"。在延续党的十九大报告"深化司法体制综合配套改革，全面落实司法责任制，努力让人民群众在每一个司法案件中感受到公平正义"精神基础上，延续《法治中国建设规划（2020—2025 年）》的相应提法，明确要求"规范司法权力运行，健全公安机关、检察机关、审判机关、司法行政机关各司其职、相互配合、相互制约的体制机制。强化对司法活动的制约监督，促进司法公正。加强检察机关法律监督工作。完善公益诉讼制度"。显示出对司法工作的高度重视和司法改革成果的殷切期待。

新时代司法工作的创新表述

（六）法治社会建设的创新表述

法治社会是构筑法治国家的基础，必须高度重视、重点建设。如何做到全体人民信仰法治、厉行法治，是一项长期基础性工程。从党的十八届四中全会《决定》和党的十九大报告审议通过以来，中央制发的关于法治建设的重要文件无一例外都包括"加快建设法治社会"问题。党中央为此还专门印发了《法治社会建设实施纲要（2020—2025 年）》，确立了法治社会建设的路线图、时间表、任务书。如果说，党的十九大报告重点在于建设社会主义法治文化，树立宪法法律至上等法治理念、加大普法学法守法用法力度。党的二十大报告对法治社会建设的判断更加深刻，建设内容的设计更加全面，建设目标更加明确，即：弘扬社会主义法治精神，传承中华优秀传统法律文化，引导全体人民做社会主义法治的忠实崇尚者、自觉遵守者、坚定捍卫者。建设覆盖城乡的现代公共法律服务体系，深入开展法治宣传教育，增强全民法制观念。推进多层次多领域依法治理，提升社会治理法治化水平。发挥领导干部示范带头作用，努力使尊法学法守法用法在全社会蔚然成风。

五、中国式现代化相关领域的法治建设方略

全面推进国家各方面工作法治化必然涉及国民经济与社会发展的各个方面，其与法治相关的创新也都融于其中。以下对较突出的四个领域法治问题予以梳理阐释。

（一）依法保障人民当家作主，发展全过程人民民主

依法保障人民当家作主，发展全过程人民民主

2019 年 11 月，习近平总书记到上海虹桥街道基层立法联系点考察指导工作，充分肯定基层立法联系点工作，并基于自己对中国民主政治发展规律的深刻洞见，提出人民民主是一种全过程人民民主的重要论述，这是对社会主义民主政治理论的重大创新，也是新时代践行民主立法原则的根本遵循。党的二十大报告就此强调，必须坚定不移走中国特色社会主义政治发展道路，坚持党的领导、人民当家作主、依法治国有机统一，坚持人民主体地位，充分

体现人民意志、保障人民权益、激发人民创造活力。

政治层面，我国是工人阶级领导的、以工农联盟为基础的人民民主专政的社会主义国家，国家一切权力属于人民。人民民主是社会主义的生命，是全面建设社会主义现代化国家的应有之义。全过程人民民主是社会主义民主政治的本质属性，实现了过程民主和成果民主、程序民主和实质民主、直接民主和间接民主、人民民主和国家意志相统一，是全链条、全方位、全覆盖的民主，是最广泛、最真实、最管用的社会主义民主。

制度层面，必须健全人民当家作主制度体系，扩大人民有序政治参与，坚持和完善我国根本政治制度、基本政治制度、重要政治制度，拓展民主渠道，丰富民主形式，保证人民依法实行民主选举、民主协商、民主决策、民主管理、民主监督，发挥人民群众积极性、主动性、创造性，巩固和发展生动活泼、安定团结的政治局面。以立法为例，分别于2021年和2022年修正的《全国人民代表大会组织法》和《地方各级人民代表大会和地方各级人民政府组织法》，规定全国人大及其常委会要"坚持全过程民主，始终同人民保持密切联系，倾听人民的意见和建议，体现人民意志，保障人民权益"；地方人大和地方政府要"坚持以人民为中心，坚持全过程人民民主"；全国人大代表和地方各级人大代表应当"充分发挥在全过程民主中的作用"。

实践层面，在保障人民当家作主的主题之下，既要有效发挥群团组织的桥梁纽带作用，坚持走中国人权发展道路，推动人权事业全面发展，也要全面发展协商民主，推进协商民主广泛多层制度化发展，坚持和完善中国共产党领导的多党合作和政治协商制度，完善人民政协民主监督和委员联系界别群众制度机制，还要积极发展基层民主，健全基层党组织领导的基层群众自治机制，完善基层直接民主制度体系和工作体系。全心全意依靠工人阶级，维护职工合法权益。习近平总书记充分肯定的基层立法联系点制度，是典型的"小切口、大主题"，其理论知识图谱涉及民主与法治的关系、公民立法参与、法治统一性、央地事权划分、基层治理现代化和我国各级立法机关的立法能力和质效问题。实践充分证明，基层立法联系点已经成为倾听民意、了解民情、汇聚民智、发扬民主的重要平台和载体，对于发展全过程人民民主，提升国家治理效能具有重要意义。①

（二）建设促进实现共同富裕的法治体系

建设促进实现共同富裕的法治体系

共同富裕是社会主义的本质要求，是中国式现代化的重要特征。党的十八大以来，党中央把逐步实现全体人民共同富裕摆在更加重要的位置上，采取有力措施保障和改善民生，打赢脱贫攻坚战，全面建成小康社会，为促进共同富裕创造了良好条件。党的十九大报告提出，要坚持以人民为中心的发展思想，不断促进人的全面发展，实现全体人民共同富裕。党的二十大报告强调"我们要实现好、维护好、发展好最广大人民根本利益，紧紧抓住人民最关心最直接最现实的利益问题，坚持尽力而为、

---

① 中国法学会立法学研究会秘书处：《不断推进基层立法联系点制度发展和实践创新——中国法学会立法学研究会"基层立法联系点的实践与理论研讨会"发言摘报》，《人大研究》2022 年第 7 期。

量力而行，深入群众、深入基层，采取更多惠民生、暖民心举措，着力解决好人民群众急难愁盼问题，健全基本公共服务体系，提高公共服务水平，增强均衡性和可及性，扎实推进共同富裕"。

要稳步实现共同富裕战略目标，充分发挥立法的引领和推动作用，建立科学、完善的社会法体系刻不容缓，便于发挥其在调整劳动关系、社会保障、社会福利和特殊群体权益保障等方面的重要作用，遵循公平和谐和国家适度干预原则，通过国家和社会积极履行责任，对劳动者、失业者、丧失劳动能力的人以及其他需要扶助的特殊人群的权益提供必要的保障，维护社会公平，促进社会和谐。[①]更进一步，建设促进实现共同富裕的法律体系也是刻不容缓：其一，有助于贯彻习近平总书记和党中央重大战略部署，实现中华民族伟大复兴。其二，有助于解决我国现阶段存在的显著城乡差距、区域差距和收入分配差距。其三，有助于从科学立法、严格执法、公正司法各个环节全面保障共同富裕实现。其四，有助于打破固有的"部门法 + 程序法"的立法窠臼，以问题为导向、协调为抓手。

（三）完善国家安全法治体系

新形势下，我国国家安全面临外扰内患的双重考验，统筹国内国际两个大局、发展安全两件大事的任务更加艰巨，国家维护安全的成本显著增大。从全面落实总体国家安全观、统筹推进国家安全工作的实际

完善国家安全
法治体系

---

① 国务院新闻办公室发表的《中国特色社会主义法律体系》白皮书，中华人民共和国中央人民政府网，见 http://www.gov.cn/jrzg/2011-10/27/content_1979498.htm。

需求看，国家安全涉及的各重点领域还存在相当多的立法"空白"和体制机制"短板"，相关法律法规的协调性、融贯性差，统筹协调外部安全和内部安全、国土安全和国民安全进而促进国际安全尚在起步阶段，国家安全法治的严密监督和保障效能不足，参与全球安全治理的涉外法治工作经验不多。对此，党的二十大报告首开党史文献之先河，专题论述"推进国家安全体系和能力现代化，坚决维护国家安全和社会稳定"，强调要健全国家安全体系，完善高效权威的国家安全领导体制，完善国家安全法治体系、战略体系、政策体系、风险监测预警体系、国家应急管理体系，构建全域联动、立体高效的国家安全防护体系。彰显了国家安全对全面建设社会主义现代化国家的重要作用，高屋建瓴地擘画了建设更高水平的平安中国、以新安全格局保障新发展格局的路线图和任务书。完善国家安全法治体系的主要内容包括：

第一，健全完善国家安全法律规范体系。当前国家安全立法的重要问题在于：国家安全法律法规上下左右的协调性、融贯性不够；涉及军事安全、政治安全和网络安全立法较多，经济安全、文化安全、社会安全、生态安全立法较少；人大立法较多，行政立法和地方立法较少。凡此种种，亟须适应国家安全面临的新形势新挑战，进一步加强国家安全理论研究，坚持多种立法手段并用，有计划有步骤推进国家安全立法的"立改废释纂"，健全完善国家安全法律规范体系。

第二，推动建设高效的安全法治实施体系。必须坚持以人民安全为宗旨、以政治安全为根本、以经济安全为基础、以军事科技文化社会安全为保障、以促进国际安全为依托①，深入推进涉及国家安全的各个领域严格执法、公正司法、全民守法，织密法治之网，强化法治之力，不断增强人民群众的获得感、幸福感、安全感。具体包括：推动国家安全领导体制、工作体系、运行过程法治化，健全国家安全风险研判、防控协同、防范化解机制，确保国家安全领导体制和安全治理的系统性、规范性、协调性；完善国家安全执法体制，坚持严格规范公正文明执法，全面推行行政执法公示制度、执法全过程记录制度、重大执法决定法制审核制度。加大食品药品、公共卫生、生态环境、安全生产、劳动保障、野生动物保护等关系群众切身利益的重点领域执法力度；优化衔接国家安全执法和司法制度，落实"保护合法、制止非法、遏制极端、抵御渗透、打击犯罪"的工作原则，依法打击敌对势力渗透、破坏、颠覆、分裂活动，严厉打击暴力恐怖活动、民族分裂活动、宗教极端活动，遏制和预防严重犯罪行为的发生；稳步增加国家安全法治投入，加强重点领域安全能力建设，确保粮食、能源资源、重要产业链安全，逐步消除因片面强调经济建设和发展问题而产生的国家安全赤字；加强国家安全法治教育，加强青少年安全法治教育，持续增强香港、澳门同胞的国家意识和爱国精神，提高各级领导干部统筹发展和安全能力，坚持预防为主、标本兼治，专门工作与群众路线相结合的工作路线，增强全党全国人民国家安全意识和法治素养，筑牢国家安全人民防线，推动全社会形成维护国家安全的强

---

① 习近平：《高举中国特色社会主义伟大旗帜　为全面建设社会主义现代化国家而团结奋斗——在中国共产党第二十次全国代表大会上的报告》，人民出版社2022年版，第52页。

大合力。

第三，推动建设严密的安全法治监督体系和有力的安全法治保障体系。一方面，要健全平安建设指标体系和考核标准，推动建设严密的安全法治监督体系。推进"双随机、一公开"跨部门联合监管，强化重点领域重点监管，探索信用监管、大数据监管、包容审慎监管等新型监管方式，努力形成全覆盖、零容忍、更透明、重实效、保安全的事中事后监管体系。① 规范互联网企业和机构对个人信息的采集使用，加强关键信息基础设施安全保护，强化国家关键数据资源保护能力，增强数据安全预警和溯源能力，特别是做好数据跨境流动的安全评估和监管。另一方面，要加大安全法治建设的人员编制、资金和物资支持，强化科技支撑作用，依法运用"互联网 + 公共安全（国家安全）"，打造数据驱动、人机协同、跨界融合、共创分享的智能化平安建设、国家安全法治建设新模式。强化突发事件应急法律体系建设，提升依法防控疫情、防灾减灾救灾能力，强化危害食品药品安全、影响生产安全、破坏交通安全等重点问题治理。健全执法司法机关与社会心理服务机构的工作衔接，建立健全对执法司法所涉人群的心理疏导机制、危机干预机制。

第四，统筹推进国内安全和涉外安全法治工作，确保"两手都硬""两手都赢"。我们面临着美西方在国际上的全方位的遏制、围堵、打压，政治斗争和法治斗争愈加尖锐。破解危局，反击美西方国家的"长臂管辖"和各种法律"陷阱"，要加快推进我国法域外

---

① 《法治中国建设规划（2020—2025 年）》，《人民日报》2021 年 1 月 11 日。

适用的法律体系建设，建立健全域外法律查明机制。积极参与国际规则制定，推动形成公正合理的国际规则体系，有效应对挑战、防范风险，综合利用立法、执法、司法等手段开展斗争，坚决维护国家主权、尊严和核心利益。要加强多双边法治对话，推进对外法治交流。深化国际司法交流合作。完善我国司法协助体制机制，推进引渡、遣返犯罪嫌疑人和被判刑人移管等司法协助领域国际合作。积极参与国际执法安全合作，共同打击暴力恐怖势力、民族分裂势力、宗教极端势力和贩毒走私、跨国有组织犯罪。加强反腐败国际合作，加大海外追逃追赃、遣返引渡力度。① 推进国际商事法庭建设与完善，推动我国仲裁机构与共建"一带一路"国家仲裁机构合作建立联合仲裁机制，强化涉外法律服务，维护我国公民、法人在海外及外国公民、法人在我国的正当权益，切实增强依法维护国家安全能力。

（四）持续推进依法治军从严治军

一个现代化国家必然是法治国家，一支现代化军队必然是法治军队。我们推进强军事业、建设强大军队，没有法治引领和保障不行。② 党的十八大以来，以习近平同志为核心的党中央用卓越的政治智慧和超凡的治理才能，推进了一场史无前例的强军兴军的伟大变革，取得了巨大的历史成就。这些彪炳史册的建军治军伟业，无不

持续推进依法治军从严治军

① 《法治中国建设规划（2020—2025年）》，《人民日报》2021年1月11日。
② 习近平：《论坚持全面依法治国》，中央文献出版社2020年版，第158页。

与确定了"依法治军从严治军是强军之基"的基本方略有关，无不与习近平总书记倡导的"凡属重大改革，都要做到于法有据"的法治要求有关，无不与实现强军目标、建设世界一流军队的目标追求有关。

习近平总书记以时不我待的精神将依法治军从严治军提到前所未有的新高度，告诫全军将士，"整个国家都在建设中国特色社会主义法治体系、建设社会主义法治国家，军队法治建设不抓紧，到时候就跟不上趟了"。强调指出要着眼改革急需、备战急用，做好法规制度立改废释工作，对现有法规制度，要进行全面清理，加快构建实在管用、系统配套的中国特色军事法规制度体系。党的十九大鲜明提出习近平强军思想，对全面推进国防和军队现代化作出新的战略安排。党的二十大报告强调："必须贯彻新时代党的强军思想，贯彻新时代军事战略方针，坚持党对人民军队的绝对领导，坚持政治建军、改革强军、科技强军、人才强军、依法治军。"

依法治军、从严治军，必须坚持把党对军队绝对领导作为核心和根本要求，必须坚持战斗力这个唯一的根本的标准，必须坚持依法治官、依法治权，必须使法治成为官兵的信仰。① 我们要更加坚定自觉地推进依法治军，增强全军运用法治思维和法治方式的水平，加强依法治军机制建设和战略规划，构建完善中国特色军事法治体系，增强军事法规制度执行力，着力提高军队建设法治化水平，把依法治军、从严治军方针贯彻落实到部队建设的全过程和各方面，为推进强军事业提供重要引领和保障。

---

① 参见刘笑伟：《律令如山军威壮》，《解放军报》2018 年 12 月 3 日。

第三章　习近平法治思想引领中国式现代化

在马克思主义法学中国化的百年历史进程中，党领导人民坚持将马克思主义法治理论同中国法治实践相结合、同中华优秀传统法律文化相结合，不断深化对共产党执政规律和社会主义法治建设规律的认识，先后创立了毛泽东法律思想、中国特色社会主义法治理论和习近平法治思想，实现了马克思主义法学中国化的三次历史性飞跃。党的十八大以来，习近平总书记以马克思主义政治家、思想家、战略家的非凡理论勇气、卓越政治智慧、强烈使命担当，在领导全面依法治国、建设法治中国的伟大实践中，提出关于全面依法治国的一系列具有创造性、标志性的新理念新思想新战略，论述并证成了一系列独创性的法学概念、命题和观点，创立了习近平法治思想，为马克思主义法治思想、中国特色社会主义法治理论和人类法治思想作出了全面系统的原创性贡献，开辟了二十一世纪马克思主义法治理论创新发展的崭新境界。

习近平总书记在中央全面依法治国工作会议上强调："推进全面依法治国是国家治理的一场深刻变革，必须以科学理论为指导，加强理论思维，不断从理论和实践的结合上取得新成果，总结好、运用好党关于新时代加强法治建设的思想理论成果，更好指导全面依法治国各项工作。"[1]2022 年 4 月 25 日，习近平总书记在中国人民大学考察时强调，"加快构建中国特色哲学社会科学，归根结底是建构中国自主的知识体系"[2]。这些论断为习近平新时代中国特色社会主义思想特别是法治思想的深化研究指明了方向。我们要坚定走中国特色社会主义法治道路的信心和决心，深刻认识习近平

---

[1] 习近平：《论坚持全面依法治国》，中央文献出版社 2020 年版，第 6 页。

[2] 《习近平在中国人民大学考察时强调 坚持党的领导传承红色基因扎根中国大地 走出一条建设中国特色世界一流大学新路》，《人民日报》2022 年 4 月 26 日。

法治思想的科学性、真理性、开创性，深刻把握这一思想的历史逻辑、理论逻辑、实践逻辑①，加强对习近平法治思想的原创性概念、判断、范畴、理论的研究，全面领会其核心要义和精神实质，准确阐释其丰富内涵和实践要求，加快构建中国特色法学学科体系、学术体系、话语体系、知识体系，面向世界和未来，提升中国法治话语权和法治理论影响力。

---

① 中共中央宣传部、中央全面依法治国委员会办公室编：《习近平法治思想学习纲要》，人民出版社、学习出版社 2021 年版，第 152 页。

一、习近平法治思想的研究现状及展望

（一）研究现状

在习近平法治思想正式提出之前，政界和学界围绕着习近平总书记关于全面依法治国的重要论述已经展开了相关研究，成果丰硕。比如，中央政法委起草的《中国特色社会主义法治理论体系纲要》(草稿)细分了 20 种理论，涵盖了：关于中国特色社会主义法治本质特征的理论，关于中国特色社会主义法治道路及其基本原则的理论，关于中国特色社会主义法治体系的理论，关于法治与国家治理现代化的理论，关于社会主义法治价值的理论，关于尊重和保障人权的理论，关于法治思维和法治方式的理论，关于维护宪法权威、提高宪法实施水平的理论，关于科学立法民主立法、完善中国特色社会主义法律体系的理论，关于依法行政、建设法治政府的理论，关于公正司法、提高司法公信力的理论，关于全民守法、建设法治社会的理论，关于厉行法治、建设法治经济的理论，关于改革和法治双轮驱动的理论，关于国家法律与党内法规有机衔接的理论，关于依法治军、从严治党的理论，关于依法制约和监督权力的理论等。陈冀平在《党的十八大以来

法治建设新成就》一文中则阐述了中国特色社会主义法治理论体系的
"10+N"思想。张文显从习近平法治思想的鲜明特征、一般理论、核
心思想三个方面阐述了习近平法治思想的理论本质、理论风格和理论
意义。徐显明从社会主义法治体系、社会主义法治道路等方面深入解
析了习近平法治思想的核心内容。李林概括了习近平全面依法治国思
想的理论逻辑与创新发展之"九论"。朱景文总结了中国共产党法治
理论发展的轨迹，对毛泽东、邓小平、江泽民、胡锦涛、习近平等历
任党的领导核心关于中国特色社会主义法治理论、法治道路、政治发
展道路等予以归纳。黄文艺认为，习近平法治思想分为法治基本理论
板块、法治推进方略板块和法治重大关系板块。周佑勇认为，习近平
法治思想是围绕"依法治国"这一鲜明主题形成的逻辑严密、科学完
整的思想体系，体现了党对法治规律认识的重大突破。张金才认为，
习近平法治思想具有鲜明的政治性、深远的战略性、坚定的人民性、
严密的系统性和强烈的实践性五大特征。公丕祥在中国特色社会主义
法治理论体系的脉络中把握习近平法治思想，认为习近平法治思想实
现了二十一世纪中国马克思主义法学的新飞跃。付子堂阐述了习近平
总书记全面依法治国新理念新思想新战略的发展脉络、核心要义和时
代意义。江必新、汪习根、卓泽渊、莫纪宏、胡建淼等学者也发表了
一系列非常厚重的理论成果。

　　习近平法治思想的正式确立，推动了习近平法治思想研究的繁
荣，并引领习近平法治思想研究向着体系化、纵深化、精细化发展。
总体而言，现有的习近平法治思想研究集中于概论性研究和专题性研
究两大类别，具体表现在以下几个重要方面：

第一，习近平法治思想的理论与实践渊源研究。这部分研究重在阐释习近平法治思想是如何形成的。习近平法治思想孕育于深厚的时代背景，是改革开放尤其是党的十八大以来全面依法治国实践经验的科学总结和理论升华。学界普遍认同，习近平法治思想既是马克思主义法学思想中国化的最新成果，又是以马克思主义法学思想为指导，在全面继承中华法律文化精华、充分借鉴西方优秀法治文明成果的基础上综合创新的产物，是具有中国特色、中国风格、中国气派的思想体系。中国共产党在百年奋斗历程中，将马克思主义法学的基本原理与中国革命、建设、改革实践相结合，成功地探索出一条符合中国国情、有利于中华民族伟大复兴的社会主义法治道路，取得了丰硕理论和实践成果。在马克思主义法学中国化的百年历史进程中，党领导人民创立了毛泽东法律思想、中国特色社会主义法治理论、习近平法治思想，实现了马克思主义法学中国化的三次伟大历史性飞跃。习近平法治思想内容丰富、博大精深，是马克思主义法治理论同中国具体实际相结合、同中华优秀传统法律文化相结合的第三次历史性飞跃，是马克思主义法治理论中国化进程的最新重大理论成果。

第二，习近平法治思想的理论体系、内在逻辑与基本特征研究。这部分研究深入到习近平法治思想的内部，阐释其内在结构，揭示其科学的体系性与逻辑性。习近平法治思想是在中国特色社会主义法治建设伟大实践中创立的科学理论体系，准确把握习近平法治思想的内在逻辑，有助于深刻理解其核心要义、实践要求和重大意义。有学者把习近平法治思想的理论体系划分为三大板块，即法治的基本原理、中国特色社会主义法治的基本理论、全面依法治国的基本观点。有学者系统阐释了习近平法治思想的实践逻辑、理论逻辑和历史逻辑，这三个逻辑是内在融贯、有机统一的，共同揭示了习近平法治思想是生动的实践体系、科学的真理体系、包容的文明体系。有学者认为，习近平法治思想是科学的理论体系，展现了对法律本质的揭示、对法治规律的阐明、对法学真理的追求，即政理、法理、哲理。有学者认为，从法治理论的体系化一般特征来看，习近平法治思想应当由指导思想、基本原则、核心要义和理论视野四个层次的理论要素构成。有学者从政治方向、重要地位、工作布局、重点任务、重要保障等方面来把握习近平法治思想的理论体系。有学者认为，习近平法治思想从全局出发，定位法治、布局法治、厉行法治，是一个有着紧密内在逻辑的科学体系。有学者将习近平法治思想的鲜明特色概括为：党全面领导的政治定力、以人民为中心的根本立场、奉法强国的坚定信念、求真务实的实践理性、全面推进的系统观念、精准练达的辩证方法、融通古今的文化底蕴、统筹内外的法治布局、尊法循理的法治思维、守正创新的理论品格等。

第三，习近平法治思想的重大意义研究。这部分研究重点揭示习近平法治思想的历史、实践与理论意义，国际与国内治理的重大意义。总体而言，习近平法治思想是全面依法治国的根本指导思想，是新时代中国法治战略的总指引，新时代全面依法治国的行动指南。习近平法治思想凝聚着鲜明的时代价值，彰显了人民主体的权利精神、尊重规律的科学精神、和谐包容的人文精神、社会公平的法理精神。习近平法治思想是全面依法治国的根本遵循和行动指南，是新发展阶段的法治航标，在全面依法治国进程中具有里程碑意义。就国际意义而言，习近平法治思想为推动全球治理体系变革提供了中国方案，给世界提供了一种全新的法治思想的公共产品，有力提升了中国法治在世界法治舞台上的话语权和影响力。在世界法治现代化进程中，中国式法治现代化新道路以其深厚的内在逻辑、理性的法治制度和坚实的法治实践，为世界法治文明发展贡献了中国智慧和中国方案。这是一条既与人类法治文明的普遍准则相沟通，又具有鲜明中国特色的法治现代化新道路。

第四，习近平法治思想的原创性贡献研究。习近平法治思想以一系列独创性概念、命题、论语和观点对马克思主义法治思想、中国特色社会主义法治理论、人类法治思想史作出了原创性理论贡献。对此的研究既包括宏观层面的提炼与概括，又包括中观、微观的梳理与分析。有学者从习近平法治思想的四个理论特征出发，全面和系统地研究了习近平法治思想的原创性理论贡献的四个审视维度的具体内涵。有学者立足于法学基础理论构建层面的普遍性意义，分析习近平法治思想对西方中心主义范式下法学理论的超越，理解其在马克思主义法理学中国化发展脉络中的划时代意义。有学者认为，习近平法治思想对法治基本价值话语作了深层思考与理论凝练，传承发展了我们党长期以来形成的法治价值理念，揭露了西方法治价值理论的缺陷和偏颇，体现了法治价值普遍性与特殊性的统一。有学者基于习近平法治思想对于人类社会发展规律的法哲学阐释，深入探讨了习近平法治思想对马克思主义法治理论发展的原创性贡献，主要体现在：创造性地阐发马克思主义法哲学关于人类社会发展规律的基本原理；创造性地提出"人类文明新形态"的重大命题；创造性地论述构建人类命运共同体的崭新理念。有学者认为，习近平法治思想在创造性地指明解决社会主要矛盾方法和路径中、在创造性地指明中国特色社会主义法治实践方向中、在创造性地指明建设法治中国价值指向和目标中作出原创性贡献。有学者从法治话语体系生成与发展的视角来解读习近平法治思想的原创性贡献。习近平总书记用马克思主义的一般原理来思考和指引中国的法治，创造性地传承了法的物质性、政治性、人民性、社会性、实践性、继承性等马克思主义法治原理，立足马克思主义立场观点方法，明确宣示坚定不移走中国特色社会主义法治道路，深刻阐述了中国特色社会主义法治体系的科学内涵，把厉行法治作为执政治国重要理念，科学设计社会主义法治建设发展目标任务和阶段步骤，体现出鲜明的中国特色、实践特色、时代特色，创造性地丰富和发展了马克思主义法治理论体系。有学者指出，习近平法治思想的世界性贡献，集中体现在这一思想为发展中国家法治现代化提供了新理论，为世界各国探索国家制度贡献了新经验，为世界法律格局变化提出了新主张，为人类政治文明发展设计了新坐标，为全球治理体系变革奉献了新方案。同时，习近平法治思想围绕"坚持抓住领导干部这个'关键少数'"，提出了一系列具有原创性、时代性的概念、判断、范畴、理论，为发展马克思主义法治理论作出了重大原创性贡献。

第五，习近平法治思想的部门法学研究。就是将习近平法治思想的基本原理与部门法学研究和具体的法治实践相结合，开展有针对性的研究。包括在习近平法治思想指导下宪法学、刑法学、行政法学、民商法学、环境法学、社会法学、经济法学、劳动法学和国际法学等部门法学广泛开展的相关研究。

（二）展望与评价

习近平法治思想研究已经汇集了国内众多的优秀学者与专家，他们从不同视角、不同主题、运用不同方法展开研究，已经形成了一批高质量的研究成果。总体而言，这些研究的涵盖面已经相当广泛，不仅涉及习近平法治思想的理论体系、内在逻辑、重大意义等整体性与概论性的研究，而且已经深入到法治理论与实践的各部门、各领域、各方面，展开了习近平法治思想的专题性研究，体现了习近平法治思想对全面依法治国的指引作用。习近平法治思想研究注重历史与现实相结合、理论与实践相结合、整体与部分相结合，已经初步形成了研究的基本格局与框架。

然而，面对习近平法治思想这样一个宏大的、具有时代意义并且不断发展着的理论体系与命题，这一课题的研究才刚刚起步，显然还存在着很大的进步空间，还需要加大学术攻关的力度，形成更有分量的研究成果。具体而言，在既有研究成果基础上，当前和未来一个时期仍然需要在以下方面加强研究：其一，加强习近平法治思想的实践研究。以吃透基本精神、把握核心要义、明确实践要求，推进习近平法治思想落地生根、走深走实，进而在全面依法治国中释放出新的实践伟力。其二，加强习近平法治思想的学理阐释和体系构建，特别是系统分析习近平法治思想中原创性、独创性、集成性理论创新，彰显其真理力量和话语魅力。其三，加强习近平法治思想的融通性研究。习近平法治思想是对中华优秀法律文化的创造性转化、创新性发展，是对人类法治文明成果的批判性继承、择善性借鉴，与中华优秀传统法律文化和人类法治文明思想精华具有内在融通性。要通过深入研究，展示这一思想蕴含的博大精深的中国精神和中国文化，展示其海纳百川、博采众长的全人类共同价值。其四，加强以习近平法治思想为指导的重大专题性研究。习近平法治思想涵盖经济、政治、文化、社会、生态文明和党的建设各领域，运用于改革发展稳定、内政外交国防、治党治国治军各方面，在政治与法治、民主与专政、权利与权力、自由与秩序、安全与发展、法治与德治、依法治国与依规治党、改革与法治等辩证关系中都有习近平法治思想的政理、法理、哲理，这就需要我们以习近平法治思想为指导开展一系列专题研究。

二、习近平法治思想原创性贡献的研究路径和主要内容

习近平法治思想的提出，推动了习近平法治思想研究的繁荣，并向着体系化、纵深化、精细化发展。由此也给当下中国法学提出一个重大研究课题：全面总结我国法治建设的成功经验，坚持史论结合、知行统一、理实并重的原则，挖掘提炼习近平法治思想的原创性贡献，科学把握其历史逻辑、实践逻辑、理论逻辑、学科逻辑，并以之为指导建构与"中国特色社会主义法治体系"相匹配的中国自主的法学知识体系。

（一）研究路径

第一，科学把握马克思主义法学思想和社会主义法治理论框架的演进逻辑，厘清习近平法治思想原创性贡献的历史逻辑。习近平法治思想的创立，是坚持和发展马克思主义法治理论、毛泽东思想法治理论、中国特色社会主义法治理论的光辉范例，彰显出马克思主义法治理论既一脉相承又与时俱进的必然逻辑。习近平法治思想原创性贡献研究应该把习近平法治思想置于马克思主义法律思想史、马克思主义法学中国化恢宏历史进程和建设法治中国的宏阔背景当中，坚持历史与逻辑相统一、整体发展和时代特点相结合的辩证思维予以看待。

作为 19 世纪的思想产物，马克思主义法学以其鲜明的历史唯物主义法哲学理论特质，建构了关于理解人类社会法与法律现象的科学世界观和方法论系统，在人类思想史上展示了广泛而持久的影响力。20 世纪以来，马克思主义法学在世界范围内广泛传播，并且成为推动人类社会法律文明深刻变革与转型发展的理论指南。列宁的历史性贡献，不仅在于他领导俄国人民取得了十月革命的伟大胜利，在俄国这样一个经济文化落后的"半亚细亚"国家第一次创建了社会主义国家与社会制度，还在于他对新政权建立后如何发展民主、建设法制作了艰辛的创造性探索，发展了马克思主义国家与法的学说，也给我们留下了丰厚的法学理论遗产。

伴随着近代以来中国社会的巨大变革，马克思主义法学中国化的伟大进程波澜壮阔、与时俱进，先后形成了毛泽东法律思想、中国特色社会主义法治理论和习近平法治思想这三大理论成果，实现了马克思主义法学中国化的三次历史性飞跃：第一次是在领导中国革命和建设的长期实践中，以毛泽东同志为主要代表的中国共产党人，把马克思主义的基本原理同中国革命的具体实际结合起来，创立了毛泽东思想。毛泽东思想蕴含着丰富而深刻的国家和法治理论，深刻阐述新民主主义法制的基础理论，推进新民主主义法治建设，创造性地论述了具有中国特色的社会主义国家制度和法律制度的基础原理，特别是国体、政体和宪法原理。第二次是邓小平理论、"三个代表"重要思想、科学发展观开启了马克思主义中国化进程的第二次历史性飞跃。邓小平理论开辟了中国特色社会主义法治道路，创立了中国特色社会主义法治理论；"三个代表"重要思想和科学发展观拓展、深化和创新了中国特色社会主义法治理论，谱写了改革开放新时期马克思主义法学中国化新篇章。总体看，这个时期的中国特色社会主义法治理论，蕴含着丰富的具有重大创新意义的法治思想：明确提出社会主义民主制度化、法律化的重大法治原则；深刻论述中国共产党坚持依法执政的重要思想；深入论述当代中国法治建设的根本任务；深入分析社会主义市场经济与法治建设之间的内在关联；建立依法治国，建设社会主义法治国家理论。

党的十八大以来，当代中国法治现代化进入了一个新时代。以习近平同志为核心的党中央在领导全面依法治国、建设法治中国的伟大实践中，引领法治时代进程、提炼法治时代精神、绘制法治时代蓝图，坚持马克思主义的立场、观点、方法，提出了一系列全面依法治国新理念新思想新战略，创立了习近平法治思想，实现了马克思主义法学中国化和社会主义法治理论的第三次历史性飞跃。习近平法治思想内容丰富、博大精深，是中华民族对世界法治文明和人类法治文化的原创性理论贡献，是全面依法治国、建设法治中国、推进法治强国的理论基础和指导思想[①]。它深刻阐释了我国社会主义法治的理论依据、本质特征、价值功能、内在要求、中国特色、基本原则、发展方向等重大问题，系统论述了什么是社会主义法治，如何推进依法治国、建设社会主义法治国家和中国特色社会主义法治体系，如何在法治轨道上推进国家治理现代化和法治化等一系列根本性问题[②]，对于拓展中国特色社会主义法治道路，构建中国特色社会主义法学理论体系，发展中国特色社会主义法治文化，建设中国特色社会主义法治体系，加快推进法治中国建设，具有重大的政治意义、理论意义、实践意义和世界意义。

第二，深入研究习近平法治思想的原创性概念、判断、范畴和理论体系，厘清习近平法治思想原创性贡献的理论逻辑。习近平法治思想以一系列原创性的理论、方法、概念、命题、论语和观点对马克思主义法治思想、中国特色社会主义法治理论、人类法治思想史作出了原创性理论贡献。从近年来法学理论界的相关成果看，既有宏观层面对基本理论的提炼与创新，又有中观层面对法治体系和法学命题的构建与凝练，更有微观层面对制度规范和法学范畴的分析与界定。

宏观层面的创新理论极为丰富。有学者认为，习近平法治思想的原创性贡献主要体现在"十一个坚持"；广泛体现在习近平总书记从

---

① 张文显：《习近平法治思想研究（上）》，《法制与社会发展》2016 年第 2 期。

② 李林：《开启新时代中国特色社会主义法治新征程》，《环球法律评论》2017 年第 6 期。

历史和现实相贯通、国际和国内相关联、理论和实际相结合上锤炼出来的数百个新概念新命题新论语中；集中体现在习近平总书记划时代地提出了"建设中国特色社会主义法治体系"。有学者从法治地位论、法治道路论、法治结构论、法治关系论、法治与发展论、法治方法论等方面阐述习近平法治思想的原创性理论贡献。

中观层面的新课题新领域新命题蔚然大观。中国共产党领导法治建设的重大成就、历史经验与基本规律，法治与社会治理现代化，法典化时代的法典思维与法典编纂，法治与共同富裕研究，监察法律制度研究，中国自主的法学知识体系建构，人类命运共同体的法理研究，法治中国之路、之治、之理研究，当代中国人权观和权利理论研究，中国共产党依法治国、依规治党研究，政法理论和政法改革研究，更高水平的平安中国研究，数字法治和数字法学基础理论，数字治理伦理与法理研究，世界百年未有之大变局下全球法治发展新趋势研究，法理学与部门法学深度融合研究，等等。此外，还包括国家安全法治理论、生态文明理论、国际法治理论、法治监督理论、行政审判制度、法治工作队伍建设、法治人才培养、法治社会理论、依宪治国理论、立法理论、民法典、法治道路与法治体系、法治政府、公共卫生应急法治、法治中国、体育法治、诉讼法理论、互联网法治、文物事业法治、法治与发展、涉外法治、公正司法、党法关系、平安中国、依规治党、人民立场，等等。

微观层面，与时俱进、原创性的制度规范、法学概念、术语观点不胜枚举。具体包括：法治中国、平安中国、美丽中国、和谐中国；法治体系、法治国家、法治道路、法治强国、法治社会、法治经济、法治监督、法治政府；依宪治国、依法治国、依法执政、依法治军、依规治党、依法行政；国内法治、涉外法治、全球治理、国家安全法治、生态文明法治、互联网法治、文化法治、公共卫生应急法治、体育法治；法治工作队伍建设、法治人才培养；科学立法、民主立法、依法立法、公正司法、严格执法、全民守法；重点领域立法、新兴领域立法、涉外领域立法；法治与德治、法治与发展、法治与改革、党法关系、人民立场；等等。

第三，深入进行习近平法治思想的学理化阐释、学术化表达、体系化构建，厘清习近平法治思想原创性贡献的学科逻辑。在揭示、提炼习近平法治思想的原创性理论贡献基础上，将习近平法治思想的基本原理与部门法学研究和具体的法治实践相结合，开展有针对性的研究。把习近平法治思想蕴含的中国自主法学知识体系精准清晰地呈现出来，形成传承有序、泾渭分明的法学理论创新发展逻辑脉络，进而按照学理、道理、哲理融贯打通的思路，探索习近平法治思想"进校园、进课堂、进头脑"的有效途径和具体举措，为构建习近平法治思想引领下的中国法学学科体系、课程体系、话语体系和自主知识体系提供范例。

具体说来，就是在习近平法治思想指导下对既有法理学、宪法学、刑法学、行政法学、民商法学、环境法学、社会法学、经济法学、劳动法学和国际法学等开展理论与实践相结合、历史与逻辑相结合的议题研究，从而促进各个学科的自主知识体系构建。法律史学科的主要议题有：中华法治文明历史传统、演进脉络和发展道路，中华优秀传统文化体系结构和核心要义，中国古代法典编纂理念、立法技术及其现代意义，法治现代化进程中中华优秀传统文化、革命文化、社会主义先进文化的融会贯通研究等。宪法学科的主要议题有：全过程人民民主的法治保障体系研究，人民代表大会制度的基础理论研究，中国合宪性审查的理论体系构建与实践推进，新时代中国宪法学知识体系研究，中国人权发展道路的宪法保障，"一国两制"在香港的实践、经验与未来等。行政法学科的主要议题有：党政合署中的行政法问题，行政法典理论与方法研究，行政体制改革与行政组织法研究，数字法治政府问题研究，新领域、新业态、新模式下的行政规制研究等。民法学科的主要议题有：民法典实施过程中的配套立法研究，以共同富裕为目标的物权制度的完善，数据权益保护研究，个人信息分类保护的法律问题研究等。商法学科的主要议题有：习近平法治思想与商事法律制度发展，法治化营商环境建设，中美贸易摩擦的前景、影响与法律应对等。知识产权法学科的主要议题有：民法典在知识产权领域的规范适用问题研究，算法时代互联网平台治理问题研究等。经济法学科的主要议题有：建设全国统一大市场的经济法问题，区域协调发展的经济法问题，乡村振兴的经济法治保障，平台经济治理的经济法问题，金融稳定法律制度研究等。社会法学科的主要议题有：中国特色社会法的理论展开和体系建构，劳动法法典化研究，人口转型背景下社会法的新问题与新应对等。环境法学科的主要议题有：生态环境法典编纂研究，流域与特殊地理区域生态环境保护法律问题研究，环境法治体系研究等。刑法学科的主要议题有：法典化时代的刑法立法等。刑事诉讼法学科的主要议题有：刑事司法治理的现代化出路，刑事司法中的人权保护，腐败犯罪案件的司法程序研究等。国际法学科的主要议题有：统筹推进国内法治与涉外法治的理论与实践，"一带一路"倡议与国际法体系的变革与创新，网络空间的国际法治理，加密货币和数字货币的国际法规制，国际公共卫生治理体系的改革与完善，国内法修改中的涉外法治热点和难点问题研究。

（二）主要内容

"法治中国"是法治国家的升级版、创新版。它既是对过去法治建设经验的深刻总结，又是对未来法治建设目标的科学定位。既尊重法治发展的普遍规律，又联系现实国情民意，是法治一般原理与中国法治实践紧密结合后在法治道路、法治理论、法治制度上进行创造性转换的产物。"法治中国"是"法治国家"、"法治政府"和"法治社会"的综合体。它特别强调解决中国当下的现实问题，深刻理解中国国情的问题意识与主体性，强调现代化建设的中国模式和中国经验，强调建设中国特色社会主义的理论自信、制度自信、道路自信和文化自信。对打造中国法治模式、探明法治路径、振奋中国精神、增强民族凝聚力、开创中国法治建设的新局面意义深远。

第一，法治中国的领导力量。党的领导是推进全面依法治国的根本保证，这是近代以来中国人民长期奋斗历史逻辑、理论逻辑、实践逻辑的必然结果和基本经验。全面推进依法治国，必须坚持党的领导，加强和改进党对法治中国建设的领导，保证法治中国建设沿着正确的方向顺利推进。坚持以法治的理念、法治的体制、法治的程序实行党的领导，推进依法执政制度化、规范化、程序化。

第二，法治中国的实现本体。习近平法治思想从政治引领、社会发展、国家富强的角度，深刻论述了什么是法治、为什么要实行法治等根本性问题，系统阐释了全面依法治国在治国理政安邦中的战略地位、强大功能、重要意义，丰富和深化了马克思主义法治理论对法治的性质、地位、作用的理论认识。

第三，法治中国的政治基础。人民群众是党的力量源泉，人民当家作主是我国社会主义民主政治的本质特征。人民既是法治建设最重要的主体，也是法治建设最根本的服务对象。从制度上、法律上保障和发展社会主义民主政治，是我们党对社会主义民主法治规律认识的一个重大转变和提升。习近平总书记指出"全过程人民民主"的重大命题，拓展了社会主义民主的内涵与外延，有利于在各领域各层次扩大公民有序政治参与。

第四，法治中国的发展道路。习近平总书记指出："中国特色社会主义法治道路，是社会主义法治建设成就和经验的集中体现，是建设社会主义法治国家的唯一正确道路。在走什么样的法治道路问题上，必须向全社会释放正确而明确的信号，指明全面推进依法治国的正确方向，统一全党全国各族人民认识和行动。"[1]

第五，法治中国的核心价值。法治是时代精神的体现，也是价值体系的重要载体。社会主义核心价值观是社会主义核心价值体系的内核，传承着中国优秀传统文化的基因，应当成为中国特色社会主义法律体系的道德之基、文明之根、精神之魂。社会主义核心价值观入法

---

[1] 《中共中央关于全面推进依法治国若干重大问题的决定》，人民出版社2014年版，第50页。

入规，彰显了民族优秀文化基因的历史传承，是国家发展实践在法治层面的精神呈现。为全国各族人民不断前进提供坚强的思想保证、强大的精神力量、丰润的道德滋养，从而牢筑中华民族伟大复兴的价值基石。

第六，法治中国的路线战略。习近平法治思想科学擘画了全面依法治国的总蓝图、路线图、施工图，有力推动了法治中国建设从增量型发展向提质型发展、从外延式发展向内涵式发展的转型。近年颁布的《法治中国建设规划（2020—2025 年)》《法治政府建设五年纲要》和《法治社会建设五年纲要》等更是起到了稳预期、利长远的关键作用。

第七，法治中国的途径方法。习近平法治思想从建设社会主义良法善治的高远境界出发，深刻回答了法治建设的推进策略、途径方法等问题。从制度形成过程来看，中国法治是强调科学合理规划的建构型法治。从制度运行看，中国特色社会主义法治道路体现了实践理性，是强调试验学习先易后难的渐进型法治。建设中国特色社会主义法治体系、建设社会主义法治国家，是一项复杂的系统工程，必然是一个历史的过程。

第八，法治中国的文化优势。习近平总书记指出，法治是人类文明的重要成果之一，法治的精髓和要旨对于各国国家治理和社会治理具有普遍意义。[①] 我们既传承中华优秀法律文化，又学习借鉴世界上优秀法治文明成果，在此基础上建设中国特色社会主义法治文化。

---

① 中共中央文献研究室编：《习近平关于全面依法治国论述摘编》，中央文献出版社2015 年版，第 32 页。

第九，法治中国的依托力量。坚持建设德才兼备的高素质法治工作队伍是全面依法治国的重要保障；坚持抓住领导干部这个"关键少数"是全面依法治国的关键措施。

三、习近平法治思想原创性贡献的理论特征

纵观习近平法治思想的一系列原创性贡献，既有世界观、认识论、方法论角度的创新创见，又有法学和法治理论体系层面的整体发展，在学术研究和知识体系方面体现出鲜明的时代烙印与理论特征。

（一）鲜明的政治立场

习近平法治思想深刻论述了法治形态背后的政治理论、法治模式当中的政治逻辑、法治道路底下的政治立场，厘清了政治和法治问题上的模糊认识和错误观点，论证了社会主义法治的政治立场、政治优势，指明了全面依法治国的政治方向、政治要求，为保证党对法治工作的全面领导、坚持全面依法治国的正确政治方向提供了理论武装，具有毋庸置疑的重大政治意义。其一，它深刻阐明了政治和法治的关系，为法治中国建设举旗定向。"我们要建设的中国特色社会主义法治体系，本质上是中国特色社会主义制度的法律表现形式。"① 其二，它深入总结了党领导人民进行法治建设的实践经验，把坚持党的领导

---

① 中共中央文献研究室编：《习近平关于全面依法治国论述摘编》，中央文献出版社2015 年版，第 35 页。

摆在首要位置，深刻揭示了党的领导对社会主义法治的决定性作用，更加夯实坚定"四个自信"。其三，它深刻论述了"坚持全面依法治国，建设社会主义法治国家，切实保障社会公平正义和人民权利"的显著优势，有助于广大党员干部增强"四个意识"、做到"两个维护"，提高"政治三力"。其四，它深刻揭示了法治领域意识形态的大是大非问题，明确了坚持什么、反对什么，倡导什么、抵制什么，是法治领域意识形态阵地和社会舆论场的"定盘星"。

（二）宏阔的战略视野

其一，从法治战略定位上，提出要协调推进全面建成小康社会、全面深化改革、全面依法治国、全面从严治党"四个全面"的战略布局，将全面依法治国视为新时代党和国家事业发展中必须解决好的主要矛盾。习近平总书记指出："从这个战略布局看，做好全面依法治国各项工作意义十分重大。没有全面依法治国，我们就治不好国、理不好政，我们的战略布局就会落空。要把全面依法治国放在'四个全面'的战略布局中来把握，深刻认识全面依法治国同其他三个'全面'的关系，努力做到'四个全面'相辅相成、相互促进、相得益彰。"① 其二，在法治建设目标上，实现从"形成中国特色社会主义法律体系"到"建设中国特色社会主义法治体系，建设社会主义法治国家"的历史性转变。其三，在法治建设布局上，实现从"依法治国""依法执政""依法行政"到"依法治国、依法执政、依法行政共同推进，

---

① 中共中央文献研究室编：《习近平关于社会主义政治建设论述摘编》，中央文献出版社 2017 年版，第 104 页。

法治国家、法治政府、法治社会一体建设"的历史性转变。其四，在法治建设方针上，实现从"有法可依、有法必依、执法必严、违法必究"到"全面推进科学立法、严格执法、公正司法、全民守法"的历史性转变。从实践结果上看，按照党的二十大报告的表述，新时代十年取得了十六项标志性成果，其中第八项是"社会主义法治国家建设深入推进，全面依法治国总体格局基本形成，中国特色社会主义法治体系加快建设，司法体制改革取得重大进展，社会公平正义保障更为坚实，法治中国建设开创新局面"。这个结论是经过了新时代法治实践检验的科学判断，是人民群众有实实在在幸福感获得感安全感的现实成就。

（三）深远的历史内涵

习近平法治思想的创立，是坚持和发展马克思主义法治理论、毛泽东思想法治理论、中国特色社会主义法治理论的光辉范例，彰显出马克思主义法治理论既一脉相承又与时俱进的理论逻辑。开展这方面的研究，需要对马克思主义法治理论中国化不同阶段的特点、任务和主要问题进行细化研究；需要对习近平法治思想与马克思主义立场、观点和方法的继承与发展进行深度研究；需要就习近平法治思想对马克思主义法治理论的继承和发展进行学术史讨论。习近平法治思想从历史和现实相贯通、国际和国内相关联、理论和实际相结合上，科学阐述了法治的基本原理、中国特色社会主义法治的基本理论、全面依法治国的基本观点；系统阐述了全面依法治国、建设法治中国的政治方向、重要意义、工作布局、重点任务、重要保障、重大关系等带有根本性、全局性、长远性的问题；创造性地回答了新时代为什么实行全面依法治国、怎样实行全面依法治国等一系列重大问题，高屋建瓴地提出了当前和今后一个时期推进全面依法治国的十一个工作要求，从而形成集历史和理论之大成的习近平法治思想。即：坚持党对全面依法治国的领导；坚持以人民为中心；坚持中国特色社会主义法治道路；坚持依宪治国、依宪执政；坚持在法治轨道上推进国家治理体系和治理能力现代化；坚持建设中国特色社会主义法治体系；坚持依法治国、依法执政、依法行政共同推进，法治国家、法治政府、法治社会一体建设；坚持全面推进科学立法、严格执法、公正司法、全民守法；坚持统筹推进国内法治和涉外法治；坚持建设德才兼备的高素质法治工作队伍；坚持抓住领导干部这个"关键少数"。这"十一个坚持"是对马克思主义法治理论和中国特色社会主义法治理论的创造性重大发展，构成了一个内涵丰富、系统完备、逻辑严密、论述科学、话语精深的法治理论体系。以十一个基本要义为主要内容的习近平法治思想是我们党在法治领域具有里程碑意义的原创性理论，实现了马克思主义法治理论中国化新的历史性飞跃。

（四）系统的理论创新

在理论源流上，习近平法治思想集中整合了改革开放四十多年来中国特色社会主义法治理论的基本思想、创新经验和逻辑体系。在理论定位上，习近平法治思想是习近平新时代中国特色社会主义思想的重要组成部分，它是以习近平同志为核心的党中央治国理政集体智慧的结晶，科学地反映了人类法治文明发展的一般规律，系统地阐释了新时代中国特色社会主义法治理论，深刻地回答全面依法治国的一系列重大理论问题。它与习近平新时代中国特色社会主义思想的关系是一般与个别、整体与局部的关系。习近平法治思想的"十一个坚持"同习近平新时代中国特色社会主义思想的"十个坚持""八个明确""十四个坚持"之间存在深刻的理论逻辑。

在理论特色上，以把握中国国情与时代特色的大视野大胸怀大格局，形成和阐述了一系列新思想新命题。重要的有：习近平法治思想的民主观，特别是全过程人民民主重大理论；习近平法治思想的人权观，马克思主义人权观同中国具体实际相结合、同中华优秀传统文化相结合，创造性地提出了当代中国人权观，确立了人权发展新理念；习近平法治思想的法治观，突破了传统的形式法治和实质法治之二元对立范式，系统阐述了社会主义良法善治的思想，开启了法治发展新方向；等等。

四、建构习近平法治思想引领下的中国法学知识体系

2022 年 4 月 25 日，习近平总书记在中国人民大学考察时强调，"加快构建中国特色哲学社会科学，归根结底是建构中国自主的知识体系"。这是习近平总书记结合当前国内国际形势，站在统筹中华民族伟大复兴战略全局和世界百年未有之大变局的高度，对我国哲学社会科学建设作出的科学判断，具有重大理论意义和实践意义，也为法学界、法律界关于习近平法治思想的深化研究指明了前进方向。要深

刻领悟习近平法治思想的科学性、真理性、开创性，深刻领悟其中蕴含的历史逻辑、理论逻辑、实践逻辑，进一步坚定我们走中国特色社会主义法治道路的信心和决心，必须深入学习研究习近平法治思想的原创性贡献，聚焦核心要义，完整准确地阐释其深刻内涵和知识体系，加快构建中国特色法学学科体系、学术体系、话语体系。同时，把习近平法治思想融入学校教育，积极探索相应的教材体系、课程体系、教学体系，做好习近平法治思想"进校园、进课堂、进头脑"工作，以学术讲政治、以事实讲道理，培养德法兼修、理实并重的社会主义卓越法治人才，面向世界、面向未来，提升中国法治的话语权和法治理论影响力。

（一）时代主题

习近平法治思想坚持以人民为中心的政治立场、奉法强国的坚定信念、守正创新的理论品格、求真务实的实践理性、精准练达的辩证方法、尊法据理的法治思维，体现出马克思主义理论品格与实践特色。它的一个鲜明特色，就是主张从本国国情出发自主探索法治现代化模式和道路，坚决反对照搬照抄别国模式和做法。习近平法治思想的一个重要贡献，就是通过总结中外法治现代化道路选择的历史经验和教训，系统提出并深刻回答了法治现代化由谁来领导、依靠谁为了谁、坚持什么制度、运用什么理论、以何种方式推进、朝着何种目标前进等一系列问题，全面阐释了中国式法治现代化道路的核心要义和基本要求，破除了法治现代化领域的"西方中心主义"，有力引领着"中国号"法治巨轮沿着正确方向破浪前行，也为发展中国家走向法治现代化提供了可行的经验借鉴。

习近平法治思想立足于中华民族守正创新的和合思维，赋予了中华法治文明新内涵，具有坚持中国道路和中华法治文明创新的双重属性。按照习近平总书记要求的，"立足中国实际，解决中国问题，不断推动中华优秀传统文化创造性转化、创新性发展，不断推进知识创新、理论创新、方法创新，使中国特色哲学社会科学真正屹立于世界学术之林。"① 我们就要把握好马克思主义法学知识体系、中华优秀传统法律文化、国外哲学社会科学三方面资源，在习近平法治思想指导下，聚焦于建构中国自主的知识体系。这是解释中国法治实践和中国法治经验的迫切需要，也是我国日益走近世界舞台中央，不断为人类作出更大贡献的需要，更是打破西方知识体系垄断，解构西方"话语中心主义"的需要。

"法治中国"是法治国家的升级版、创新版。它既是对过去法治建设经验的深刻总结，又是对未来法治建设目标的科学定位。既尊重法治发展的普遍规律，又联系现实国情民意，是法治一般原理与中国法治实践紧密结合后在法治道路、法治理论、法治制度上进行创造性转换的产物。"法治中国"是"法治国家""法治政府"和"法治社会"的综合体。它特别强调解决中国当下的现实问题，深刻理解中国国情的问题意识与主体性，强调现代化建设的中国模式和中国经验，强调建设中国特色社会主义的道路自信、理论自信、制度自信、文化自信。对打造中国法治模式、探明法治路径、振奋中国精神、增强民族

---

① 《习近平在中国人民大学考察时强调　坚持党的领导传承红色基因扎根中国大地　走出一条建设中国特色世界一流大学新路》，《人民日报》2022 年 4 月 26 日。

凝聚力、开创中国法治建设的新局面意义深远。

（二）加强新时代法学教育和法学理论研究

2023 年 2 月，中共中央办公厅、国务院办公厅印发《关于加强新时代法学教育和法学理论研究的意见》，紧密结合当前和今后法学教育和法学理论研究的实际需要，明确提出法学教育和法学理论研究承担着为法治中国建设培养高素质法治人才、提供科学理论支撑的使命要求，是新时代推进法学教育和法学理论研究改革创新发展的纲领性文件。

第一，工作原则。坚持和加强党的全面领导，确保法学教育和法学理论研究始终沿着正确政治方向前进。坚持围绕中心、服务大局，把法学教育和法学理论研究放在党和国家工作大局中谋划和推进。坚持立德树人、德法兼修，努力培养造就更多具有坚定理想信念、强烈家国情怀、扎实法学根底的法治人才。坚持遵循法学学科发展规律和人才成长规律，分类建设和管理法学院校。坚持把马克思主义法治理论同中国具体实际相结合、同中华优秀传统法律文化相结合，总结中国特色社会主义法治实践规律，汲取世界法治文明有益成果，推动法学教育和法学理论研究高质量发展。

第二，主要目标。到 2025 年，法学院校区域布局与学科专业布局更加均衡，法学教育管理指导体制更加完善，人才培养质量稳步提升，重点领域人才短板加快补齐，法学理论研究领域不断拓展、研究能力持续提高，基础理论研究和应用对策研究更加繁荣，中国特色社会主义法治理论研究进一步创新发展。到 2035 年，与法治国家、法治政府、法治社会基本建成相适应，建成一批中国特色、世界一流法学院校，造就一批具有国际影响力的法学专家学者，持续培养大批德才兼备的高素质法治人才，构建起具有鲜明中国特色的法学学科体系、学术体系、话语体系，形成内容科学、结构合理、系统完备、协同高效的法学教育体系和法学理论研究体系。

第三，法学教育和法学理论研究存在的问题。一是法治人才培养与国家对复合型法治人才需求不平衡。首先，传统的法学专业设置无法满足社会需求，人才培养方案陈旧且与法治实践严重脱节。其次，课程设置仍然沿袭传统理论教育，对学生专业技能之外的通识教育、应用写作、数字技术、创新能力等的培养相对不足，与实践创新创业结合不紧密，人才培养的成果导向不够明显，国际化程度有待提升。最后，师资队伍不能满足社会需求，相当数量的法学教师自身法治素养较低，缺乏实务部门工作经验，难以帮助学生提高解决实际法律问题的能力，教学方式及效能较差。二是法学学科建设亟待加强。首先，法学传统学科在更新学科内涵，总结提炼中国特色社会主义法治具有主体性、原创性、标识性的概念、观点、理论方面仍有欠缺。其次，法学学科在新形势下存在大量研究空白与"短板"。如法理学所研究之"法"，不能只限于国家法，而应包括从国家法律到党内法规、从正式法到非正式法等各类法律现象，提供具有包容性和自洽性的新的法本体论。立法学、文化法学、教育法学、国家安全法学、区际法学等学科建设亟待加强，社会治理法学、科技法学、数字法学、气候法学、海洋法学等新兴学科还要加快发展。最后，推进"法学+"学科群建设成效不够显著，理应树立"大文科""新文科"视野，推动法学学科与国家安全学、新闻传播学、国际关系学、政治学、管理学等交叉融合，高质量全方位推进法学一流学科建设。三是法学教育和法学理论研究缺乏实践性和创新性。学生实际运用法学知识解决问题的能力培养不足，教学方法创新不够。法学理论的实证研究较少，合作研究、整体研究偏少，研究成果的实践应用和推广不足。

第四，加强法学教育和法学理论研究的对策。一是从顶层设计的角度，加强对法学院校的指导。中央全面依法治国委员会及其办公室应设立专职部门统筹协调法学教育；教育部应该加强对法学院校法学教育工作的指导；司法部应设专职部门，与教育部高等教育司、社会科学司、中国法学会研究部等共同加强对法学教育和理论研究的指导和赋能，同时为高校学生提供实习实训机会，以落实习近平总书记所强调的："要打破高校和社会之间的体制壁垒，将实际工作部门的优质实践教学资源引进高校，加强法学教育、法学研究工作者和法治实际工作者之间的交流。"① 二是从法治实践的角度，加强对法学院校工作的指导。包括加强政策引导和资金投入，提供优质实践教学资源；拓宽法学院校与司法机关、律师事务所、公证机构等共建法学实践基地和平台建设；加强课程设置和内容更新；加强就业指导和服务保障等。三是从提升管理指导水平的角度，发挥各类专家学者的作用。包括完善各级各类专家委员会的设置和运行机制；加强协调配合与信息共享；加强评估监督和考核激励。四是加强法学教育和法治人才培养评估，完善立德树人体制机制，克服唯分数、唯升学、唯文凭、唯论

---

① 《习近平在中国政法大学考察时强调　立德树人德法兼修抓好法治人才培养　励志勤学刻苦磨炼促进青年成长进步》，《人民日报》2017 年 5 月 4 日。

文、唯帽子的顽瘴痼疾，着力做到举措破立结合、政策系统集成、改革协同推进，加快推进法学教育现代化。

（三）知识体系

第一，作为习近平法治思想总论的新时代法学知识体系。包括但不限于：习近平法治思想与中国特色社会主义法治理论研究；习近平法治思想与涉外法治建设；新时代的中国法治建设模式；习近平法治思想与刑事司法的人权保障；习近平法治思想之应急法治观研究；贯彻习近平法治思想，完善刑事程序法治；习近平法治思想与完善经济法治；习近平法治思想与中国经济法治；等等。

第二，作为习近平法治思想分论的新时代法学知识体系。包括各个部门法学、法史学、重点领域和新兴领域法学的法学知识体系。以民法学知识体系为例，在我国《民法典》颁布和实施后，即应以《民法典》的形式体系为准绳，以《民法典》的价值体系为依据，建构中国自主的民法学知识体系：一是以《民法典》的体例安排为依据建构民法学理论体系；二是以《民法典》的主线特征为准绳增进民法学体系的逻辑性，建构以民事权益保护为中心的民法学体系；三是以《民法典》的内容特征作为民法学的研究重心，充分反映"人"的需求；四是以《民法典》的人文关怀等价值建构民法学价值体系；五是以《民法典》的时代特征为基础引领民法学研究的未来发展。《民法典》时代的民法学研究范式要从"照着讲"向"接着讲"转化，深化民法理论研究，在认真借鉴两大法系有益经验基础上，不断创新、发展与繁荣中国民法学，形成中国自主的民法学知识体系，为全面推进依法治国提供强有力的理论支撑。

第三，作为习近平法治思想生动实践的法学知识体系。既包括立法、执法、司法、守法、法治监督、法治保障等传统法治场域的法治知识，又包括依法执政、社会治理、涉外法治等领域的法治知识体系。

总之，习近平法治思想的确立，给当下中国法学和法律实务界提出一个重大研究课题。坚持史论结合、知行统一、理实并重的原则，挖掘提炼习近平法治思想的原创性贡献，对习近平法治思想的历史源流、严谨逻辑和学理、哲理、道理进行深度理论阐释，并以之为指导，从法治中国建设的领导力量、实现本体、政治基础、发展道路、核心价值、路线战略、途径方法、文化优势、依托力量等方面，系统建构与"中国特色社会主义法治体系"相匹配的中国自主的法学知识体系。由此形成的学术和知识体系体现出鲜明的政治立场、宏阔的战略视野、深远的历史内涵、系统的理论创新等特色。

第四章　中国式法治现代化的理论与实践

自 18世纪工业革命以来，现代化已成为全球范围内高歌猛进的时代潮流，实现现代化已成为世界各国人民的共同愿望。在世界第一波现代化中，中华民族正处于腐朽没落的封建专制统治时期，最终与这次历史性机遇擦肩而过。在世界第二波现代化中，中华民族不少仁人志士睁眼看世界，先后试图通过引进西方的技术、实业、制度、文化来实现中国现代化，但都以失败而告终。在世界第三波现代化中，中国共产党登上历史舞台，坚持以马克思主义为指导，带领中国人民成功走出了中国式现代化新道路，实现了从站起来、富起来到强起来的历史性转变，产生了改写世界现代化版图的东方巨变。中国式法治现代化，是中国共产党领导的社会主义现代化和法治化融贯统一，沿着中国特色社会主义法治道路，以建设社会主义法治体系和法治国家为目标模式，在实现从法治大国到法治强国的根本转型过程中所形成的中华现代法治文明，既遵循世界法治现代化的普遍规律、共同特征，更具有基于本国国情和文明传统的中国特色、中国气派。

一、现代化与中国式现代化

（一）现代化的概念分析

现代化是生产力发展到一定阶段的产物，是全人类文明发展进步的显著标志，更是世界各国孜孜以求的共同目标和伟大事业。一个国家走向现代化，既要遵循现代化的一般规律，更要符合本国实际，具有本国特色。习近平总书记指出："中国式现代化，是中国共产党领导的社会主义现代化，既有各国现代化的共同特征，更有基于自己国情的中国特色。"①

从学术视角看，现代化是一个既有共时性、又有历时性，既有多元性、又有统一性，既有深刻理论性、又推动实践发展的"伟大的名词"，表征着非常复杂多样的人类社会转型与变化。它深刻地触动和改变着世界各国经济、政治、文化格局，并从实践领域向精神思想领域扩展，成为人们理解问题、观察社会的基本认识框架。具体包括

---

① 习近平：《高举中国特色社会主义伟大旗帜　为全面建设社会主义现代化国家而团结奋斗——在中国共产党第二十次全国代表大会上的报告》，人民出版社 2022 年版，第 22 页。

以下三重语境和内涵：一是作为客观现实的"现代化"，即"现代性"（Modernity），意指使现代社会成为现代，引起传统制度和生活方式发生变化的观念、特征与内在规定性。一般而言，现代性表现为 16 世纪以来伴随着人类科技进步、知识增长和生产力提高而引发的物质与精神领域不断适应变革并产生众多社会规定性的整体过程。这些现代性因素在极大程度上赋予现代社会以确定性、统一性、稳定性、安全性，进而产生区别于传统社会和未来社会的社会体系及其价值观。从社会形态和物质生活条件角度考察，这种现代性通常也被描述为从传统农耕社会向现代工商社会的转变。中国也不例外，在人口规模巨大、经济社会发展不充分不平衡的基础上实现高质量发展和全体人民共同富裕，是中国式现代化的客观表征。

二是作为思想意识形态的"现代化"，即"现代主义"（Modernism），意指人文社会科学领域相较于传统思想意识形态而形成的各种思潮和理论流派。西方现代主义的哲学根基是建构于启蒙思潮中的理性主义，强调知识研究与思维上的科学性、客观性、基础性、本质性、建构性，声称基于人类已知的力量和创造力，将拥有"通过按照理性重新组织人类事务来改善人类条件的史无前例的能力"①。其核心立场是一切事物都有一个唯一的真理可循，人类的灵性最终能够认识这个绝对的真理，人类的历史发展是一个不断的上升的过程，历史会最终到达人类全体的解放。② 从维柯到斯宾格勒，从雅斯贝斯到亨廷顿，一

---

① ［美］斯蒂芬·M.菲尔德曼：《从前现代主义到后现代主义的美国法律思想：一次思想航行》，中国政法大学出版社 2005 年版，第 29 页。

② 参见［法］保罗·科利：《哲学主要趋向》，商务印书馆 1988 年版，第 337 页以下。

代又一代的西方历史哲学家大都在"西方文明优胜论"的核心理念之上建构他们心目中的历史，进而塑造和描绘出一幅现代人类文明进步的"世界图景"。后者主要不是一个政治—历史意义的概念，而是价值—文化指向的认识论体系，最终积淀而成美西方某种固化的、不可置疑的历史观念与思维定式，并先验地贯穿在西方法治理论的基本概念、基本原理和制度体系当中，造成极坏影响。① 当代美国学者弗朗西斯·福山是这种错误史观的标志性人物，他认为 20 世纪 80 年代后期以来世界上发生的一系列重大事件，不仅是冷战的结束，而且是历史本身的终结，西方式"自由民主"将成为"人类政府的最终形式"，除此之外，后发现代化国家"不可能再有更好的选择"。然而，以西方为模板的现代化，并非解决世界上所有国家和地区生存与发展问题的"灵丹妙药"，以中国为代表的发展中国家取得令人瞩目的发展成就，展现了不同于西方现代化模式的新图景，给"历史终结论"打了一个响亮的耳光。

　　三是作为主客观相互作用之实践过程的"现代化"（Modernization，狭义的现代化），意指传统社会向现代社会的整体性结构变迁，在"传统—现代"的分析框架下，也可被理解为传统的价值观念和制度形态在功能上对基于科技进步、知识增长、生产力提高而引发的现代性要求的不断适应的过程。党的二十大报告将中国式现代化总结为物质文明和精神文明相协调的现代化、人与自然和谐共生的现代化、走和平发展道路的现代化。这些特色是将马克思主义基本原理同中国具体实

---

① 参见冯玉军:《"法治"的历史阐释及其对现实的启示》,《法学家》2003 年第 4 期。

际相结合、同中华优秀传统文化相结合的结果，包含着独特的中国经验与中国智慧。

（二）中国式现代化的基本内涵

党的二十大从全球大视野和中国大历史出发，透彻分析了当前国际国内形势的深刻变化，作出了"世界之变、时代之变、历史之变正以前所未有的方式展开""我国发展进入战略机遇和风险挑战并存、不确定难预料因素增多的时期"等一系列重要判断，在借鉴各国现代化共同特征并基于自己国情的中国特色，明确以中国式现代化全面推进中华民族伟大复兴。

这样的现代化，是人口规模巨大的现代化、全体人民共同富裕的现代化、物质文明和精神文明相协调的现代化、人与自然和谐共生的现代化、走和平发展道路的现代化。从而明确了中国式现代化（含中国式法治现代化）所处的新方位新阶段。具体可概括为六个"历史性"：一是两个百年奋斗目标的历史性交替。即中国共产党完成了第一个百年奋斗目标，继而要"团结带领全国各族人民全面建成社会主义现代化强国、实现第二个百年奋斗目标，以中国式现代化全面推进中华民族伟大复兴"。由此对全面建设社会主义现代化国家进行全方位的战略安排。二是社会主要矛盾的历史性变化。党的十九大提出中国社会主要矛盾已从人民日益增长的物质文化需要同落后的社会生产之间的矛盾转变为人民日益增长的美好生活需要和不平衡不充分的发展之间的矛盾。基于此种历史性变化，党的二十大从推动解决落后的社会生产问题到解决不平衡不充分的发展问题，从脱贫攻坚到共同富裕，从物质富足到精神富有，从物的全面丰富到人的全面发展，引领中国经济社会发展朝着更高目标迈进。三是中国发展模式的历史性转型。党的二十大报告把高质量发展确立为全面建设社会主义现代化国家的首要任务，对贯彻新发展理念、构建新发展格局、推动高质量发展作出战略部署，引领中国新发展之路越走越宽广。四是现代科学技术的历史性变革。党的二十大把创新摆到我国现代化建设全局中的核心地位，明确提出建设现代化产业体系，构建新一代信息技术、人工智能、生物技术、新能源、新材料、高端装备、绿色环保等一批新的增长引擎，加快建设制造强国、质量强国、航天强国、交通强国、网络强国、数字中国。五是世界百年未有的历史性变局。当前，世界百年未有之大变局加速演进，世纪疫情影响深远，逆全球化思潮抬头，单边主义、保护主义明显上升，世界经济复苏乏力，局部冲突和动荡频发，全球性问题加剧，世界进入新的动荡变革期，又一次站在历史的十字路口。六是社会主义法治的历史性跨越。持续推进马克思主义法治理论中国化时代化，实现了三次历史性飞跃，习近平法治思想开辟和拓展了中国特色社会主义法治道路，确立建设中国特色社会主义法治体系、社会主义法治国家的目标，引领国家治理现代化在法治轨道上有序推进。①

---

① 参见黄文艺：《推进中国式法治现代化　构建人类法治文明新形态——对党的二十大报告的法治要义阐释》，《中国法学》2022 年第 6 期。

二、法治现代化理论的主题演变和理想图景

法治现代化研究是一个极具理论意义的大课题，也是极具实践意义和世界意义的大课题。但如前所述，在西方主导的法律学术视域中，近代以来始终存在"古今中外"的时空纠缠和由西方中心论塑造的"法治现代化"话语体系对非西方国家或发展中国家的文化侵略、思想殖民。

（一）西方中心论及其"法治现代化"理论

"法治（法制）现代化"概念来自"现代法律体系"的普适性理念及其拓殖实践。这种理念的核心是认为当今世界上存在着一个跨国度、跨民族、跨地域的法律体系，在该法律体系中，有得到广泛认同的、历时性的法律文化中心区，该中心区的法律文化具有本源性和衍生性，它的价值准则与制度规范成为其他国度法律的"蓝本"或依归。沿着这种思路，"法治现代化"（Legal Modernization）被看作是一个囊括了所有国家与民族的全球性法律变革过程，在此全球性的历史视野中，16 世纪的西欧处于中心地位，是全球法制现代化进程开端阶段的中心地带；该时期西欧的法律发展样式像白人对外传播的基督宗教一样，具有普世意义，是非西方国家法律发展的样板或原型。在这种历史神话里，西欧成为现代化的先行者，广大非西方国家则是现代化征途上疾步前行的后来人。由此，西欧及扩而大之的西方与非西方的关系，形成所谓"中心与边缘""内发与外生""原创与传导""冲

击与反应""主动与被动""自主与依附""法治与专制""先进与落后"的二分架构的历史关系。

值得强调的是，近世多数西方学者（如哲学方面的维柯、黑格尔、尼采，法学方面的孟德斯鸠、奥斯汀，思想史方面的施蒂格勒、雅斯贝斯等），直接或间接、有意或无意地参加建构了"西方中心论"（西方文明优胜论）的历史理论，进而塑造和描绘出一幅现代人类文明进步的"世界图景"。而这种"世界图景"经过几百年塑造、层累和神话化，成为后世人们固有的法治"幻象"与思维定式，进而决定并推动了世界各国对西方法治的积极响应乃至于顶礼膜拜。①

进一步分析，现代主义正是伴随着资本主义生产关系在全球范围的扩张而扩展起来的，由于它适应自由资本主义的经济政治需要，因此成为资产阶级进行革命和统治时期所反复宣扬的价值观和主流意识形态。其基本意旨是人道主义和理性主义。即：提倡人道，反对神道，用人取代神；提倡理性，强调理性是人的本质，主张用理性战胜无理性、非理性和反理性，认为理性是人与世界相沟通的基础，是衡

---

① 这种理论塑造的法律史变迁大致可如下叙述：以欧美国家为发源地的现代法律传统作为一种伟大的人文主义创造，它在欧洲近代著名的"三 R 现象"（即文艺复兴 Renaissance、宗教改革 Religion Reform 和罗马法复兴 Reception of Roman Law）中得以萌生，形成于启蒙运动，并在尼采向世人宣告"上帝死了，要重估一切价值"的口号声中成为资本主义主流意识形态。自 15、16 世纪以降，（西方中心的）法学世界观伴随着武力征服和宗教传播，在全球范围内一步步取代各国原有的神学世界观以及种种"地方性"法律形态，占据了某种支配性话语权力，民主、人权、法治、现代化、全球化等概念因之成为时代强音，世界各地的法学家们自觉而娴熟地使用公开性、自治性、普遍性、层次性、确定性、可诉性、合理性、权威性等法律标准或法治要素，衡量本国或别国是否达到乃至实现了法制"现代化"，而全然不顾这些国家的人民究竟需要什么！西方式现代化对于本国传统及未来发展究竟意味着什么！

量一切的唯一标准和人类谋求幸福的工具；再以某种科学体系的"元概念"为基础，力图按照既有的逻辑抽象规则构建具有高度同一性、确定性的理论大厦，从而可以系统地、总体地把握宇宙人生。正是在这种不容置疑的"理性精神"的光辉照耀下，始自黑格尔和奥斯汀的现代法学理论本能地偏好对法律逻辑的"宏大叙事"，即以法律概念、术语、命题为经，以确定性、客观中立性、一元性和普适原则为纬，贯穿理性、个人权利、社会契约、正当程序等理念，涵盖法的本体论、价值论、方法论几大块的法律话语系统。但由于这套话语系统是国家主义和意识形态指向的，它以"合法"的名义，排斥、改造甚至摧毁不同"意义世界"中的社会规则系统，故此往往成为社会政治领域的"霸权话语"和想当然的真理。在学术史上，它还进一步成为形而上学和教条主义的滥觞。① 与沃勒斯坦反复强调世界经济体系内部存在多方面差别、不断变动且经历多次霸权周期的"边缘依附中心"史观不同，美国历史学家斯塔夫里亚诺斯试图打破欧洲中心论框架，以新的全球视角重写世界历史。他指出，1500 年是人类历史上的一个重要转折点，此前的历史是各个种族集团与社会彼此隔离的生存与发展的历史，欧亚大陆的若干文明体系平行而独立地发展着——尽管它们彼此间的联系和影响依然存在。但在 1500 年前后，从哥伦布、达·伽马和麦哲伦的远航探险开始，人类的各个种族集团与社会才第一次发生了直接的交往，欧亚大陆诸文明之间的平行独立的发展状态逐渐为新兴的西方促成的"全球性一体化"状态所取代，这种一

---

① 参见冯玉军：《"法治"的历史阐释及其对现实的启示》，《法学家》2003 年第 4 期。

体化状态在 19 世纪时发展到了顶点，转而导致前所未有的世界性霸权，20 世纪的历史实质上是一个反对世界霸权进而寻求新的世界平衡的历史。他又以第三世界的历史进程为研究对象，考察了 1400 年以来全球性一体化进程中西方世界与非西方世界的相互关系，揭示了这一进程中的中心地区与边缘地区的历史性互动。然而遗憾的是，在他那里，全球性一体化进程的原初中心地区依然是在 1500 年前后的西欧，并仍然把自那以来的全球历史归之于对西方世界中心霸权不断发起挑战的历史。①

不过，并非所有的经济学家都赞同西欧处于近代早期全球社会经济发展进程中心地位的看法。弗兰克在详尽地分析了公元 1400—1800 年间世界经济的结构与发展之后，指出："我们可以看到，作为中央之国的中国，不仅是东亚纳贡贸易体系的中心，而且在整个世界经济中即使不是中心，也占据支配地位""表明中国在世界经济中的这种位置和角色的现象之一是，它吸引和吞噬了大约世界生产的白银资本的一半。"②弗兰克强调说，他论证中国具有历史上的世界经济"中心"地位，并非简单地想以中国中心论取代欧洲中心论，而是试图指出从 1400—1800 年世界经济并没有什么中心，欧洲和西方绝不是世界经济的中心，如果非要说的话，中国很明显更有资格以"中心"

---

① 参见［美］斯塔夫里阿诺斯：《全球通史——1500 年以前的世界》，吴象婴、梁赤民译，上海社会科学院出版社 1988 年版，第 54—60 页；斯塔夫里阿诺斯：《全球通史——1500 年以后的世界》，吴象婴、梁赤民译，上海社会科学院出版社 1992 年版，第 2—8 页。

② ［德］贡德·弗兰克：《白银资本——重视经济全球化中的东方》，刘北成译，中央编译出版社 2000 年版，第 19—20 页。

自居。① 弗兰克的命题打破了在发展与现代化理论中蔓延的欧洲中心主义或西方中心论，启示我们要用历史、辩证的眼光来看待全球化进程中的中心与边缘之间复杂的历史关系。这一分析视野对于我们深刻把握中国式法治现代化运动的模式特征，大有裨益。

（二）法治现代化研究的现实问题

不同领域的西方学者以 17、18 世纪至今的法治现代化过程进行研究，形成内容各异的经典论述，如：英国法史学家梅因提出的"从身份到契约"；德国思想家韦伯提出法的发展是从不合理走向合理、从实质合理性走向形式合理性的发展过程；美国法学家诺尼特和塞尔兹尼克认为法的发展是"从压制性法到自主性法"；等等。20 世纪中叶以来，一些批判法学者开始对西方的法治现代化的道路进行反思，又提出所谓"后现代法治"问题，即西方法制存在逆向发展的情形，即"从契约到身份""从形式合理性到实质不合理性"的变化趋势，在法律体系和部门法理论中也有类似趋势，如民事法律中的"私法公法化"和"公法私法化"相向而行现象。

从比较法学的角度看，法治现代化② 的分类五花八门，诸如：基于现代性和传统性的互动关系把不同社会的法治现代化分为内生型、

---

① ［德］贡德·弗兰克：《白银资本——重视经济全球化中的东方》，刘北成译，中央编译出版社 2000 年版，第 26 页。

② 法治现代化与法制现代化没有本质的区别，其所指和能指都是法治现代转型的目标与过程。由于历史的原因，改革开放初期各种报章杂志通用"法制"和"法制现代化"，但自 1997 年党的十五大确立"依法治国，建设社会主义法治国家"治国方略之后，官方及学术界逐渐改用"法治"和"法治现代化"概念，下同。

应激型和混合型法治现代化；依据现代化起步时间的先后可以分为早生和后发的法治现代化；依据现代化主要推动力量的不同可以分为社会推动型和政府推动型法治现代化；依据地域或国别可以分为英国式、美国式、欧洲大陆式、日本式和新加坡式法治现代化等等。①

一些亚非拉发展中国家，受到西方现代化立场、观点、方法的影响，从 20 世纪五六十年代开始发起法律现代化运动，意图以"法治西方化"促进自身社会经济发展。与此同时，美西方国家也派出志愿人员组成和平队"援助发展中国家"，也把西方式法治现代化带到那里去，史称"第一次法律与发展运动"。20 世纪 90 年代以降，随着经济全球化进程的加剧，在世界银行、国际货币基金组织、世贸组织等国际组织和欧美国家主导下，又发起针对第三世界国家和市场转型国家的"法律和司法改革"运动。从实践结果看，除个别国家借由经济和制度创新取得较好成就外，绝大多数发展中国家，都未能靠全盘移植西方式民主法治而收到强国富民的发展实效，"第二次法律与发展运动"再次以失败而告终。

21 世纪初，美西方国家面向世界推广自由主义法治观与法治现代化的行动发生了法治评估转向，其主要代表是"世界正义工程"（World Justice Project，简称 WJP）。它是由美国律师协会联合国际律师协会、泛美律师协会、泛太平洋律师协会等律师组织于 2007 年发起的法治评价体系，该体系将抽象的法治分解为可量化的评估指标，即由 8 个指数和 44 个次级指数支撑和构建的一整套法治指数评估系

① 参见朱景文主编：《法理学》，中国人民大学出版社 2021 年版，第 215—216 页。

统，坚持法律的有责性（Accountability）、公正的法律（Just Law）、开放政府（Open Government）、可接近与公正的正义（Accessible and Impartial Justice）等四个普适性原则。受访国家和地区的普通公民和相关领域专家，根据事先制定的计算规则，对调查回收数据进行处理与计算，得出最终分数，以此评估不同国家的法治得分与国际排名。① 需要明确指出的是，虽然中国法治建设无论在立法、执法、司法、守法、法律监督、法学教育和法学研究等方面均取得了举世公认的巨大成就，但在这套"西方式"法治评价体系当中却仍位居后列，不仅远远落后于欧美国家，和肯尼亚、埃塞俄比亚等国家相比也不占优势，这套法治评估的片面性和缺乏公信力可见一斑。

与此类似，全球知名的民意测验和商业调查咨询公司——美国盖洛普咨询公司每年会提交"全球法律与秩序报告"（Global_Law and Order_Report），主要使用主观评价方法衡量各国公民的人身安全感，以及他们在犯罪与执法方面的个人经历。其 2022 年评价结果是中国和阿联酋、丹麦并列全球第三，这个结果倒是比较真实地反映了中国

---

① World Justice Project: Rule of Law Index 2022，see worldjusticeproject.org/index.2022 年的评估框架是由 8 个指数及由此分解出的 44 个次级指数组成。这 8 个指数包括：①有限的政府权力（Constraints on Government Powers）；②消除腐败（Absence of Corruption）；③开放的政府 / 透明政府（Open Government）；④基本权利（Fundamental Rights）；⑤秩序与安全（Order and Security）；⑥规范执法（Regulatory Enforcement）；⑦民事司法（Civil Justice）；⑧刑事司法（Criminal Justice）。该框架设有⑨非正式司法（Informal Justice）指数作为额外考评内容，被排除在计分与排名之外。2022 年WJP 法治指数的结果显示：中国以 0.47 分在地区排名第 12 位（共 15 个国家），在中上等收入国家排名第 33 位（共 40 个国家），在全球排名第 95 位（共 139 个国家）。八个因子的得分分别为：①有限的政府权力 0.32 分（↑ 0.1 分）；②消除腐败 0.53 分；③开放的政府 0.40 分（↑ 0.1 分）；④基本权利 0.26 分；⑤秩序与安全 0.81 分；⑥规范执法 0.48 分；⑦民事司法 0.51 分（↓ 0.1 分）；⑧刑事司法 0.45 分。

是目前世界上最安全的国家之一的客观事实。① 但需要指出的是，传统观念中安全只是法治的一个因素，尽管他们普遍承认中国安全，但仍较少对我国的法治现代化状况予以公正评价。

进入 21 世纪之后，经济全球化和政治多极化、文化多元化趋势日益明显，各种全球化和全球性问题对不同国家的法治带来一系列挑战。中国加入世界贸易组织以后也遇到许多政治、法律领域的问题，彼时各种国际标准对中国法律改革产生了深远的影响，全球化条件下的各种政府间国际组织和非政府组织在法治现代化进程中的地位日益重要，形形色色的跨国家、超国家和亚国家的法律制度和社会规范在实践中的制定和实施运作过程愈益值得关注。时至今日，美西方枉顾多数国家反对，用所谓"基于规则的秩序"维护其霸权行径，肆意使用"长臂管辖"和制裁大棒，推行对人严对己宽的"双重标准"，暴露了其藏在"平等、博爱、自由"假面之下自私自利的本质，成为国际关系民主化、法治化的真正破坏者。

（三）中国的法治现代化理论演进

中国的法治现代化理论，主要包括法治现代化的比较研究、法治现代化的战略研究和全球化对法治现代化的挑战研究，即把中国法治现代化放在世界与当代的大背景下，研究中国法治现代化的历史进程、发展阶段、建设目标，并从中总结法治与社会发展的趋势，概括中国法治现代化的基本特征和鲜明特色。

---

① 　See https://www.gallup.com/analytics/356996/gallup-law-and-order-research-center.aspx。

　　学界共识是党和国家发挥领导性、主导性作用，以建构式的积极姿态推进法治现代化，一体建设法治国家、法治政府、法治社会。伴随新中国法治建设历史进程而成长的老一辈法学家以马克思主义法学理论为基础，对改革开放以来中国法制的特色、中国法制与经济社会发展的关系、中国法制不同于西方国家的特点、法制的一般理论以及法制与法治的关系等问题，从理论层面做了深入分析，总体结论是认为推进法治现代化合乎中国社会发展需要，应该在扬弃西方法治经验的基础上建设中国自己的法治。20 世纪 90 年代以来，我国法理学者继续对中国和西方法治发展道路进行比较研究，偏重西方法治现代化模式的特点及其当代危机、中国法治道路与传统、中国法治现代化的实证研究与评价等。公丕祥长期研究法制现代化理论，指出："从历史角度来看，法制现代化是人类法律文明的成长与跃进过程。"他还分别从法制现代化的基本性质、内涵特征两个视角进行了论证。从前者看，它是一个从传统人治社会向现代法治社会变革的过程，进而是从"人治"的价值—规范体系向"法治"的价值—规范体系的转换过程；从后者看，它是一个包括人类法律思想、行为及其实践的综合进程，其核心是人的现代化。[①] 吕世伦、姚建宗认为："法制现代化是指一个国家或地区从法的精神到法的制度的整个法律体系逐渐反映、适应和推动现代文明发展趋势的历史过程。"从整体来看，它包含着法律精神的现代化、法律制度的现代化、法律技术手段的现代化、物质设施

---

① 参见公丕祥主编：《中国法制现代化的进程》（上），中国人民公安大学出版社 1991 年版，第 59 页。

的现代化，这其中的关键是法律精神的现代化。① 刘作翔认为，法制现代化是"一个国家和社会随着社会的变革，从传统法律到现代法律的转变的历史进程"。在此进程中，法律制度和法制运行机制都会发生质变，其结果就是法制更符合发展着的和改变了的各种社会实践的需要，且能充分反映社会价值要求。② 朱景文赞同后一种观点，并引申说"这种（从传统法制向现代法治）转变意味着全方位多层次的法制变革和发展，涉及法律的组织构造、制度规范、运作程序以及深层次的法律观念等各个方面"③。

邓正来提出了"中国法律理想图景"的概念。他并不持有反现代化或者逆现代化立场，但对其认为受到西方现代化范式支配的法学理论进行反思与批判。他指出，关于时间具有从落后走向进步之唯一性观点，关于现代化实现的方式先有法制现代化——后有市场经济现代化——最后才有人的现代化之唯一性观点，是一种典型的法律线性进化理论模式。突出问题是长期坚守一幅以西方现代性和现代化理论为依凭的"西方法律理想图景"，却提供不出"中国法律理想图景"，致使人们过度关注"大写的"真理或口号，或者专注于既有法条或概念的注释，而不能或认为没必要对中国的现实法律世界作"切实"的关注，其直接的后果就是无力解释和解决因其自身作用而产生的各种问

---

① 参见吕世伦、姚建宗：《略论法制现代化的概念、模式和类型》，载南京师范大学法制现代化中心编：《法制现代化研究》第一卷，南京师范大学出版社 1995 年版，第 5 页。

② 参见刘作翔：《法制现代化概念、释义和实现目标》，《宁夏社会科学》1993 年第 3 期。

③ 朱景文主编：《法理学》，中国人民大学出版社 2021 年版，第 215—216 页。

题，忽略中国，最终导致所谓的"现代化范式"危机。① 这种观点在十多年前提出时曾引起学术界的轰动，对法学认识论和方法论启发很大。

需要指出的是，广义上讲的中国法治现代化理论研究，不限于对"法治（法制）现代化"语词、观念及其部门法实践的研究，而是开放出多个研究倾向，进而产生全方位影响。其一，法制与社会发展研究，主要内容包括对法制与社会发展的基本理论以及法制与社会发展的各个方面，经济、政治、文化、可持续发展的研究。其二，法律与全球化研究，主要内容包括法律与全球化的基本理论，全球化对中国法律的挑战和对策，全球化所引起的对全球问题治理框架的变化，对民族国家主权的挑战研究。其三，法治现代化与传统解决纠纷机制研究，主要内容包括对现代的法制模式与传统的解决纠纷机制的实证研究和社会学研究，分析法制模式赖以产生的条件、作用范围及其有限性，传统解决纠纷方式的特点与当代意义，现代司法制度与传统解决纠纷方式之间的关系。其四，后现代法学研究，主要内容是研究当代西方后现代法学对法律的现代性的批判及其对中国法制建设的意义。其五，互联网、人工智能等新兴领域法学研究。面对新一轮科技革命和产业变革，中国式法治现代化应该把握历史性机遇，及时加强法律制度的供给，加快法治领域的科技应用，把科技伟力转化为法治伟力，构建网络化、数字化、智能化的法治文明新形态。其六，与中国式法治现代化相匹配的自主法学知识体系研究。推动法律、法律关

---

① 参见邓正来：《中国法学向何处去——建构"中国法律理想图景"时代的论纲》（第二版），商务印书馆 2011 年版，第 122 页。

系、法律结构、法治运行、法治功能等基础性概念和制度重构，推进法治范畴体系、话语体系和理论体系创新，增强法治理论的解释力、预见力、变革力。

回顾改革开放以来的中国法治现代化理论研究，成就很大，但还应在以下四方面有所拓展：其一，对中国法治主体性建构展开深入研究。更加坚定中国特色社会主义的道路自信、理论自信、制度自信、文化自信，加强对西方式法治现代化的科学批判。其二，推动中华优秀传统法律文化的创造性转化、创新性发展。从绵延数千年不绝的中国优秀传统法律文化和中华法系当中挖掘有益治理元素。其三，站在世界历史和全球思维的高度，准确把握社会形态变化趋势与内在机理，及时回应世界之变带来的全球法治问题，深入研究和把握新兴市场国家、发展中国家推进法治现代化的经验和教训，为发展中国家法治现代化提供中国经验，为世界法治文明格局发展提出中国主张。

毫无疑问，既然上述中国法治现代化的理论研究的问题源于过往的历史与实践，也就只能借助从历史走来的崭新的法治理论与实践中找寻破解之道。对此，习近平法治思想和党中央关于中国式现代化的法治方略指引了正确方向，铺开了徐徐展开的宏大建设图景。

三、中国式法治现代化的一般特征与制度优势

在中国共产党的领导下走中国特色社会主义法治道路，在法治轨道上全面建设社会主义现代化国家，既要遵循世界法治现代化的普遍

规律、共同特征，更要基于自己国情和文明传统的中国特色、中国气派，必须认真省察。党的二十大报告明确指出：第一，中国式现代化是人口规模巨大的现代化。我国十四亿多人口整体迈进现代化社会，规模超过现有发达国家人口的总和，艰巨性和复杂性前所未有，发展途径和推进方式也必然具有自己的特点。我们的法治建设要始终从国情出发想问题、作决策、办事情，既不好高骛远，也不因循守旧，保持历史耐心，坚持稳中求进、循序渐进、持续推进。第二，中国式现代化是全体人民共同富裕的现代化。共同富裕是中国特色社会主义的本质要求，也是一个长期的历史过程。我们要建设促进实现共同富裕的法治体系，维护和促进社会公平正义，促进全体人民共同富裕，坚决防止两极分化。第三，中国式现代化是物质文明和精神文明相协调的现代化。物质富足、精神富有是社会主义现代化的根本要求。物质贫困不是社会主义，精神贫乏也不是社会主义。我们不断在厚植现代化的物质基础，夯实人民幸福生活的物质条件的同时，还要依法保障和发展社会主义先进文化，加强理想信念教育，传承中华文明，促进物的全面丰富和人的全面发展。第四，中国式现代化是人与自然和谐共生的现代化。人与自然是生命共同体，无止境地向自然索取甚至破坏自然必然会遭到大自然的报复。我们要坚持可持续发展，依法保护自然和生态环境，坚定不移走生产发展、生活富裕、生态良好的文明发展道路，实现中华民族永续发展。第五，中国式现代化是走和平发展道路的现代化。我国不走一些国家通过战争、殖民、掠夺等方式实现现代化的老路，那种损人利己、充满血腥罪恶的老路给广大发展中国家人民带来深重苦难。我们坚持统筹推进国内法治和涉外法治，协调推进国内治理和国际治理，更好维护国家主权、安全、发展利益，坚决维护国家主权、尊严和核心利益，推动全球治理变革，推动构建人类命运共同体。

应该说，中国特色社会主义法治道路本质上就是指中国式法治现代化之路。它是我们党带领中国人民在改革开放、建设社会主义法治国家实践中走出来的，符合中国国情和中国人民意愿，能够更好推动人的全面发展、社会全面进步的法治发展新路。其一般特征和显著制度优势表现在以下八个方面：

（一）中国式法治现代化，强调发挥党在法治建设中的领导作用，是中国共产党领导的法治现代化。

对于发展中国家的现代化来说，强大的政党领导是现代化取得最终成功的关键。从实现方式看，中国式法治现代化是在中国共产党的领导下逐步推进的法治。党在改革开放和现代化建设中发挥着统揽全局、协调各方的领导核心作用，实现了自上而下推动全面依法治国与自下而上的基层法治创新相结合。这既使得各种法治改革措施容易推行，加快实现法治建设目标，及时取得法治改革成果，又使得基层的实践创新与顶层设计相互促进，共同推动全面依法治国向纵深发展。从发挥作用看，党要发挥定向领航作用，即带领人民坚定不移走中国特色社会主义法治道路，确保法治现代化不犯方向性、颠覆性错误；发挥顶层规划作用，即研究制定法治现代化的大政方针、政策举措，确立法治现代化的总蓝图、路线图、施工图；发挥统筹协调作用，即统筹各种法治力量资源，破解法治现代化难点堵点痛点问题，推动法治现代化在爬坡过坎中胜利前进；发挥检视整改作用，即加强对法治建设的督导督察，及时发现短板、查找弱项，进行补偏救弊、追责问责。

（二）中国式法治现代化，强调以人民为中心，是坚持人民主体地位与实现全过程人民民主的法治现代化。

党的二十大报告指出："维护人民根本利益，增进民生福祉，不断实现发展为了人民、发展依靠人民、发展成果由人民共享，让现代化建设成果更多更公平惠及全体人民。"习近平总书记强调："要始终坚持以人民为中心，坚持法治为了人民、依靠人民、造福人民、保护人民，把体现人民利益、反映人民愿望、维护人民权益、增进人民福祉落实到法治体系建设全过程。"① 在中国共产党领导下，人民成为国家治理的主人，通过法治方式实现当家作主，以法治式治理国家，人民也在法治中自我管理。制度层面，必须健全人民当家作主制度体系，扩大人民有序政治参与，坚持和完善我国根本政治制度、基本政治制度、重要政治制度，拓展民主渠道，丰富民主形式，保证人民依法实行民主选举、民主协商、民主决策、民主管理、民主监督，发挥人民群众积极性、主动性、创造性，巩固和发展生动活泼、安定团结的政治局面。实践层面，在保障人民当家作主的主题之下，既要有效发挥群团组织的桥梁纽带作用，坚持走中国人权发展道路，推动人权事业全面发展。全面发展协商民主，推进协商民主广泛多层制度化发

---

① 《习近平在中共中央政治局第三十五次集体学习时强调　坚定不移走中国特色社会主义法治道路　更好推进中国特色社会主义法治体系建设》，《人民日报》2021 年 12 月 8 日。

展，坚持和完善中国共产党领导的多党合作和政治协商制度，完善人民政协民主监督和委员联系界别群众制度机制。积极发展基层民主，健全基层党组织领导的基层群众自治机制，完善基层直接民主制度体系和工作体系。全心全意依靠工人阶级，维护职工合法权益。充分发挥基层立法联系点制度作用，倾听民意、了解民情、汇聚民智、发扬民主，发展全过程人民民主，提升国家治理效能。

（三）中国式法治现代化，强调对法治建设进行顶层设计和科学规划，是有组织有规划的法治现代化。

由于有具备强大政治号召力、社会动员力、决策执行力的政党的正确领导，有中国化时代化的马克思主义思想的科学指引，中国式现代化不是自发演进型现代化，而是规划引领型现代化。从制度形成过程来看，中国特色社会主义法治是强调科学合理规划的建构型法治。西方国家的法治发展往往经历几十甚至几百年的漫长历史过程，常常是社会内部矛盾发展激化而被动调整的结果。而改革开放 40 多年我国社会主义法治建设的实践表明，我国的法治进程不是断裂的、自发的或者漫无目的的，而是连续的、有领导的、有计划地进行顶层设计和科学规划，保证法治建设在党和国家工作大局中积极稳妥地推进，更好地统筹兼顾法治国家、法治政府、法治社会建设的各项工作。习近平总书记指出："全面依法治国是一个系统工程，必须统筹兼顾、把握重点、整体谋划，更加注重系统性、整体性、协同性。"[1] 党的

---

① 习近平：《论坚持党对一切工作的领导》，中央文献出版社 2019 年版，第 273 页。

二十大作出了中国式法治现代化"两步走"战略安排，即到 2035 年基本建成法治国家、法治政府、法治社会，到本世纪中叶全面建成法治国家、法治政府、法治社会。近年来，中央先后印发了《法治中国建设规划（2020—2025 年）》《法治社会建设实施纲要（2020—2025 年）》《法治政府建设实施纲要（2021—2025 年）》等一系列规划，明确了时间表、路线图、施工图。

（四）中国式法治现代化，强调从实践中试错学习，是渐进发展的法治现代化。

从制度运行看，中国特色社会主义法治道路体现了实践理性，是强调试验学习先易后难的渐进型法治。建设中国特色社会主义法治体系、建设社会主义法治国家，是一项复杂的系统工程，必然是一个历史的过程，不可能一蹴而就。将法治建设的目标落到实处，需要加强对具体实施方案的系统研究和设计，通过试验总结经验、完善制度，然后再行推广。过去 40 多年法治的发展过程实际上也是一个通过法律的试行、暂行、区域试点等办法抓住机遇、反复试验、不断学习、持续创新，进而不断完善社会主义法治体系的过程。这个过程保证了我们法治发展的稳定性和可预期性，提升了法治建设的实际质量。

（五）中国式法治现代化，强调贯彻实现社会主义核心价值观和人类发展与解放目标，是价值目标高远的法治现代化。

中国共产党是有着崇高目标的使命型政党，致力于为人民谋幸福、为民族谋复兴，为人类谋进步、为世界谋大同。党的二十大报告又为新时代中国式现代化提出了实现高质量发展、发展全过程人民民主、丰富人民精神世界、实现全体人民共同富裕、促进人与自然和谐共生、构建人类命运共同体等更广范围、更高层次的价值目标。这是对治国理政规律的深刻把握和对历史经验的深刻总结，也是对人类发展未来的宏伟擘画。从价值内涵上看，中国式法治现代化不仅把社会主义核心价值观要求融入法律规范、贯穿法治实践，使得法律能够契合全体人民道德意愿、符合社会公序良俗，才能真正为人们所信仰、所遵守，实现良法善治；而且推动了法律价值标准不断由低阶向高阶跃升，包括从保护私有财产权到促进全体人民共同富裕，从保障选举民主到保障全过程人民民主，从保障人的物质性权益到保障人的精神性权益，从维护民族独立和国家主权到构建人类命运共同体。

（六）中国式法治现代化，强调从古今中外制度文化中吸收有益法治资源，是博采众长的开放型法治现代化。

习近平总书记指出，法治是人类文明的重要成果之一，法治的精髓和要旨对于各国国家治理和社会治理具有普遍意义。面对现代化、经济全球化、新技术革命的时代潮流，我们将在"一国两制三法系四法域"的既有法治格局之下，既传承中华优秀法律文化，又学习借鉴世界上优秀法治文明成果，在此基础上形成中国特色社会主义法治道路，这一道路以马克思主义为指导，既面向世界、又立足中国，充分体现时代精神，适应社会主义现代化需要而不断发展出新成果，为丰富人类法治文明贡献了中国智慧。

（七）中国式法治现代化，强调创新发展、协调发展、绿色发展、开放发展、共享发展，是科技驱动的法治现代化。

新中国成立以后，中国共产党把科学技术现代化纳入"四个现代化"之列，先后提出并实施科教兴国战略、人才强国战略、创新驱动发展战略，持续追赶世界经济发展和科技前进的步伐。党的十八大以来，中国法治建设坚持把制度优势和科技优势结合起来，加快法治领域现代科技应用，开辟法治建设新领域新赛道，塑造法治发展新动能新优势，在互联网司法、智慧警务、数字检察等领域已居于世界前列。党的二十大报告对加快建设教育强国、科技强国、人才强国作出了系统部署。实践中，法治运行网络化、法律信息数字化、法治业务智能化正在开启崭新的法治图景。

（八）中国式法治现代化，强调共商共建共享的全球治理观，是促进世界和平发展的法治现代化。

在西方式法治现代化进程中，一些西方国家曾热衷于搞法律殖民主义、霸权主义，将其法治价值观念、法律制度作为普适价值、普适制度强加于其他国家，强迫其他国家给予各种形式"治外法权"。党的二十大报告指出："中国式现代化是走和平发展道路的现代化。我国不走一些国家通过战争、殖民、掠夺等方式实现现代化的老路，那种损人利己、充满血腥罪恶的老路给广大发展中国家人民带来深重苦难。"中国式法治现代化坚决反对法律殖民主义、霸权主义，既不照搬照抄其他国家法律制度，也不强行输出本国法律制度，走的是与其他国家平等相待、文明互鉴、携手共进的共同现代化之路。中国式法治现代化站在世界历史和全球视野的高度，借鉴吸收人类法治文明有益成果，深刻把握人类政治文明发展趋势，及时回应世界之变带来的全球法治问题，提出共商共建共享的全球治理观，推动构建人类命运共同体，为发展中国家法治现代化提供了中国经验，为人类政治文明进步贡献了中国智慧，为全球治理体系变革提供了中国方案。

第五章 推进科学民主依法立法

立法是国家的重要政治活动，是把党的主张和人民的意志通过法定程序转化为国家意志的过程，关系党和国家事业发展全局。《立法法》自2000年颁布实施并于2015年修改以来，对规范立法活动，推动形成和完善以宪法为核心的中国特色社会主义法律体系，发挥了重要作用，实施效果显著。2023年3月，十四届全国人大一次会议再次修改《立法法》，是深入贯彻党的二十大精神和习近平法治思想，总结新时代正确处理改革和法治关系的实践经验，更好地引领和推动完备的法律规范体系乃至于法治体系建设的枢纽工程。完善发

展了立法指导思想、立法原则、合宪性审查制
度、地方立法权限与机制、监察立法和立法体
制机制，为护航新征程，全面推进国家各方面
工作法治化，铸牢善治的良法根基，奠定了坚
实基础。

一、新时代立法的一件大事

习近平总书记强调指出："人民群众对立法的期盼，已经不是有没有，而是好不好、管用不管用、能不能解决实际问题；不是什么法都能治国，不是什么法都能治好国；越是强调法治，越是要提高立法质量。这些话是有道理的。我们要完善立法规划，突出立法重点，坚持立改废并举，提高立法科学化、民主化水平，提高法律的针对性、及时性、系统性。"[1]党的二十大报告进一步阐明新时代立法工作的重点工作和目标任务，要求"加强重点领域、新兴领域、涉外领域立法，统筹推进国内法治和涉外法治，以良法促进发展、保障善治"。"推进科学立法、民主立法、依法立法，统筹立改废释纂，增强立法系统性、整体性、协同性、时效性。"以此"完善以宪法为核心的中国特色社会主义法律体系"。2023年，十四届全国人大一次会议修改《立法法》，深入贯彻党的二十大精神和习近平法治思想，总结新时代正确处理改革和法治关系的实践经验，完善发展了立法指导思想、立法

---

[1]　习近平：《论坚持全面依法治国》，中央文献出版社2020年版，第20页。

原则、合宪性审查制度、地方立法权限与机制、监察立法和立法体制机制，为铸牢善治的良法根基，在法治轨道上全面建设社会主义现代化国家提供有力制度支撑。

我国现行《立法法》是 2000 年 3 月九届全国人大三次会议通过的，共 6 章 94 条。它以法的渊源和效力层级为逻辑主线，由高到低依次分为法律，行政法规，地方性法规、自治条例和单行条例、规章三类立法，再加上总则、附则、适用与备案三章，系统规范了国家立法制度和立法活动，是维护社会主义法治统一的基本法律。

进入新时代，立法工作如何定位、怎样推进，成为建设中国特色社会主义法治体系的关键问题。2015 年 3 月，十二届全国人大三次会议对《立法法》作了部分修改，诸如赋予设区的市地方立法权、落实税收法定原则、发挥人大及其常委会的立法主导作用等，条文增至 6 章 105 条。这次修改至今整整 8 年时间，经受了法治中国建设实践的检验，达到了修法之初的意旨目标。

但随着现代化强国建设事业的深入推进，习近平法治思想正式确立，党中央关于全面依法治国的决策部署日益完善。党的二十大报告进一步阐明新时代立法工作的重点工作和目标任务，要求"完善以宪法为核心的中国特色社会主义法律体系""加强重点领域、新兴领域、涉外领域立法""全面推进国家各方面工作法治化"，强调"统筹立改废释纂，增强立法系统性、整体性、协同性、时效性"，从而为修改完善《立法法》，建设更高水平的法治中国拓展了极大空间。

《立法法》的修改，贯彻党的二十大精神和习近平法治思想，落实第五次宪法修正案和中央决策部署，进一步加强党对立法工作的领导，发挥全过程人民民主的显著制度优势，维护社会主义法制的统一、尊严、权威，坚持党委领导、人大主导、政府依托、各方参与的立法工作格局，坚持倡导和弘扬社会主义核心价值观，坚持改革和立法的辩证统一，有效推进科学立法、民主立法、依法立法，创新完善立法体制机制，铸牢善治的良法根基，具有重大理论和实践意义。

二、回应立法实践与理论的重大问题

（一）回应立法实践的重大问题

2023 年，十四届全国人大一次会议对《立法法》进行修改的意义重大，是新时代加强党对立法工作的全面领导，通过法治保证党的路线方针政策和决策部署贯彻执行的必然要求；是新时代坚持和发展全过程人民民主，通过法治保障人民当家作主的客观要求；是新时代推进全面依法治国、依宪治国，建设社会主义法治国家的重要举措；是总结新时代正确处理改革和法治关系的实践经验，更好坚持在法治下推进改革和在改革中完善法治相统一的现实需要。它科学回答了新时代新征程"为什么立法""立什么法"和"怎么立法"的问题。

"为什么立法"，涉及立法的定位与价值。《立法法》将立法宗旨表述为："为了规范立法活动，健全国家立法制度，提高立法质量，完善中国特色社会主义法律体系，发挥立法的引领和推动作用，保障和发展社会主义民主，全面推进依法治国，建设社会主义法治国家。"新时代立法必然体现党的二十大报告提出要以中国式现代化全面推进中华民族伟大复兴的新时代中心任务，以实现人民群众对美好生活的向往为主轴，实现高质量发展，发展全过程人民民主，丰富人民精神世界，实现全体人民共同富裕，促进人与自然和谐共生，推动构建人类命运共同体，创造人类文明新形态。

"立什么法"，涉及立法的渊源与内容。《立法法》在附则中新增两类渊源形态：一是"全国人民代表大会及其常务委员会作出有关法律问题的决定，适用本法的有关规定"；二是"国家监察委员会根据宪法和法律、全国人民代表大会常务委员会的有关决定，制定监察法规，报全国人民代表大会常务委员会备案"。《立法法》作为一部"助产法"，并不直接规定具体领域、部门、方面的立法内容，为切实保障创制出高效优质的法律法规，该法就特定事项明确了立法权限范围程序和原则要求。前者如新增规定："国务院可以根据改革发展的需要，决定就行政管理等领域的特定事项，在规定期限和范围内暂时调整或者暂时停止适用行政法规的部分规定。"后者如："全国人民代表大会常务委员会通过立法规划和年度立法计划、专项立法计划等形式，加强对立法工作的统筹安排。编制立法规划和立法计划，应当认真研究代表议案和建议，广泛征集意见，科学论证评估，根据经济社会发展和民主法治建设的需要，按照加强重点领域、新兴领域、涉外领域立法的要求，确定立法项目。""增强立法的系统性、整体性、协同性、时效性。"

"怎么立法"，涉及立法的途径与方法。一是通过立法贯彻实施宪法的方式方法和路径渠道，健全保证宪法全面实施的制度体系。除将《立法法》中的法律委员会统一改为"宪法和法律委员会"之外，完善了备案审查制度，增加规定主动审查和专项审查、备案审查衔接联动机制、法律法规清理等内容。二是把全过程人民民主重大理念和实践成果转化为法律制度和机制要求，更好坚持立法为民，把体现人民利益、反映人民愿望、维护人民权益、增进人民福祉，贯彻到立法工作的各环节、各方面。三是进一步完善科学立法、民主立法、依法立法的体制机制，围绕中心大局，以科学的理念、丰富的经验、扎实的法理支撑，提高立法质效。

（二）回应立法理论的重大问题

此次《立法法》修改，根据新形势新要求，对立法的指导思想和原则进行了全面充实完善。具体包括：

第一，坚持以习近平法治思想为指导。贯彻落实宪法规定和党的二十大精神，根据新时代党的重大理论创新成果，对立法的指导思想与时俱进作了完善，将现行《立法法》第三条改为两条，明确立法应当坚持中国共产党的领导，坚持以马克思列宁主义、毛泽东思想、邓小平理论、"三个代表"重要思想、科学发展观、习近平新时代中国特色社会主义思想为指导，推进中国特色社会主义法治体系建设，保障在法治轨道上全面建设社会主义现代化国家；立法应当坚持以经济建设为中心，坚持改革开放，贯彻新发展理念，保障以中国式现代化全面推进中华民族伟大复兴。从而将习近平法治思想深具实践性、真理性、指导性的理念方略体现融入其中，落实法治中国建设规划和战略布局，为全面推进国家各方面工作法治化做出先导。

第二，坚持党对立法工作的全面领导。党领导立法是推进新时代立法的政治保证。2014年，党的十八届四中全会《决定》指出，"把党的领导贯彻到依法治国全过程和各方面，是我国社会主义法治建设的一条基本经验"。2018年，党中央成立中央全面依法治国委员会，加强党中央对全面依法治国的集中统一领导。2019年，《中共中央关于加强党的政治建设的意见》提出，制定和修改有关法律法规要明确规定党领导相关工作的法律地位。党的十九届四中全会《决定》提出，完善党委领导、人大主导、政府依托、各方参与的立法工作格局。《立法法》修改在这些文件精神的基础上，进一步夯实了"立法应当坚持中国共产党的领导"基本原则，具有重要的政治意义。

第三，坚持人民主体地位。《立法法》新增规定"立法应当坚持和发展全过程人民民主，尊重和保障人权，保障和促进社会公平正义"的规范内容，很好地体现了社会主义民主政治理论和全过程人民民主这一创新命题，内容精当，宣示了立法为民，使每一部法律都成为反映人民意志、得到人民拥护的"良法"的价值追求。在这一理念原则指引下，从保障人大代表全过程深度参与立法工作，到加强基层立法联系点建设；从法律草案广泛征求意见到积极反馈立法意见采纳情况，再到健全立法起草、论证、协调、审议机制……《立法法》的许多条文都强调体现人民的意志，发扬社会主义民主，坚持立法公开，保障人民通过多种途径参与立法活动，从而有利于发挥支持人民当家作主的强大制度合力和治理效应。

第四，坚持改革和立法的辩证统一。改革与法治相辅相成。立法决策与改革决策相衔接、相统一的有益探索及其实践成果，有力保障了新时代改革开放的行稳致远和高质量发展。习近平总书记强调，凡属重大改革都要于法有据。在整个改革过程中，都要高度重视运用法治思维和法治方式，发挥法治的引领和推动作用，加强对相关立法工作的协调，确保在法治轨道上推进改革。以立法引导、推动、规范、保障全面深化改革。实现立法决策与改革决策相衔接相统一，做到重大改革于法有据，这是立法主动适应改革和经济社会发展需要、回应新时代全面深化改革的体现，也是积极发挥立法的引导、推动、规范、保障改革的作用体现。《立法法》新增规定："立法应当适应改革需要，坚持在法治下推进改革和在改革中完善法治相统一，引导、推动、规范、保障相关改革，发挥法治在国家治理体系和治理能力现代化中的重要作用。"这个规定有利于将改革决策和立法决策很好地结合起来，正确处理法律的稳定性与变动性、现实性与前瞻性、原则性与可操作性的关系，更好发挥法治固根本、稳预期、利长远的重要作用。

第五，坚持倡导和弘扬社会主义核心价值观。坚持依法治国和以德治国相结合是建设社会主义法治国家必须坚持的原则。习近平总书记提出："用法律来推动核心价值观建设"。《立法法》增加规定：立法应当倡导和弘扬社会主义核心价值观，坚持依法治国和以德治国相结合，铸牢中华民族共同体意识，推动社会主义精神文明建设。这一崭新立法例及其治理理念，将社会主义核心价值观科学有效地转化为具有刚性约束力的法律规范，通过法律规范来引领道德风尚，实现法安天下、德润人心。为以国家立法的形式引领社会主义主流思想价值，打造共建共治共享的社会治理格局，实现社会和谐稳定安定有序，推进法治国家、法治政府、法治社会一体建设，实现中华民族伟大复兴奠定了立法基石。

三、进一步健全立法体制机制

《立法法》分则各个章节条款的修改，坚持问题导向和需求导向，着力解决人大立法、政府立法和地方立法的难题痛点；坚持合宪依法和严格程序原则，严格规范立法权限和立法活动，实践意义重大。虽说只对确有必要修改的做了修改完善，可改可不改的未作修改，但修改内容仍达 40 条之多，可谓重点突出，亮点纷呈。

（一）落实宪法修正案和党中央有关精神

2018 年 3 月，十三届全国人大第一次会议通过的宪法修正案包括 12 个方面内容，其中"中华民族"（铸牢中华民族共同体意识），"习近平新时代中国特色社会主义思想"（以习近平新时代中国特色社会主义思想为指导），"宪法和法律委员会"，监察制度与"监察法规"等多项内容需要《立法法》同步修改。为贯彻党的二十大报告关于新时代立法工作的创新论述，2023 年《立法法》修改新增第五十五条："全国人民代表大会及其常务委员会坚持科学立法、民主立法、依法立法，通过制定、修改、废止、解释法律和编纂法典等多种形式，增强立法的系统性、整体性、协同性、时效性。"从立法主体、立法形式及立法评估等多重角度夯实了科学立法、民主立法、依法立法的制度基础。

（二）明确合宪性审查相关要求

在合宪性审查机制方面，确立了分别由"宪法和法律委员会"和"全国人大常委会备案审查机构"主导的双轨合宪性审查机制。"宪法和法律委员会"主导的合宪性审查机制主要承担立法的"事前审查"，由全国人大常委会主导的备案审查主要从事"事后审查"。事前审查范围主要集中在对法律草案的审议上，事后审查范围包括行政法规、地方性法规、监察法规、自治条例和单行条例等。在合宪性审查标准方面，明确立法应当坚持党的领导，符合宪法的规定、原则和精神，确立了合宪性审查的政治标准、合宪性与合法性标准。在合宪性审查效力方面，全国人民代表大会宪法和法律委员会、有关的专门委员会、常务委员会工作机构经审查认为行政法规、地方性法规、自治条例和单行条例同宪法或者法律相抵触，或者存在合宪性、合法性问题，而制定机关不予修改的，应当向委员长会议提出予以撤销的议案、建议，由委员长会议决定提请常务委员会会议审议决定。

（三）加强人大主导立法，完善人大立法权限、程序和工作机制

人大主导立法，是指有立法权的人大在制定规范性法律文件时，相较于其他主体更具有宪制基础和国家立法的优势地位，在立法过程中起到把握方向、统筹规划、主导进程、组织协调的作用。一是协调好全国人大和全国人大常委会立法的关系，充分发挥人大立法职能，强化上位法对下位法的监督统合作用，保证法制统一。既使立法最大限度地反映人民意志，又强化对其立法活动的有效监督，是当下立法

工作不可偏废的双重价值追求。后者需要通过强化法律草案公开征求意见、立法听证等外部监督方式和完善法律撤销机制、效力冲突解决机制等内部监督方式，保证人大立法的质效。二是处理好人大立法和行政立法、监察立法、地方立法的关系，科学厘定授权立法的范围、事项、时限，以人大为中心展开有效的立法协调和宪法法律监督，保证法制统一。三是发挥专门委员会和常务委员会工作机构的作用，强化在立法调研、法律草案起草、立法项目征集、立法论证、立法后评估及向常务委员会反馈报告等职能。四是常委会及其所属立法机构要统筹协调立法规划计划编制并督促落实职责，推动政府加强法规起草工作等。五是加强人大主导立法的平台保障和人才队伍建设，提高代表综合素质；建立监督管理机制，加强代表作风建设；发挥代表履职作用；建立激励考评机制；提高人大常委会有丰厚学养和法治实践经验的专职常委比例；等等。

党的十八大以来，我们坚持科学立法、民主立法、依法立法，注重立法的精细化和群众满意度，拓宽了公众参与立法的途径，总结出来的行之有效的实践经验入法。诸如：明确全国人民代表大会和全国人大常委会"根据宪法规定"行使国家立法权，并增加规定：全国人民代表大会可以授权全国人大常委会制定法律；明确常委会决定提请全国人民代表大会会议审议的法律案，可以适时组织代表研读讨论，征求代表的意见；适应特殊情况下紧急立法的需要，增加规定：列入常委会会议议程的法律案，遇有紧急情形的，也可以经一次常委会会议审议即交付表决；明确规定全国人大及其常委会坚持科学立法、民主立法、依法立法，通过制定、修改、废止、解释法律和编纂法典等多种形式，形成科学完备、统一权威的法律规范体系；在立法程序后端及其延伸阶段，强化立法的公开性、透明度，明确法律签署公布后，法律文本以及发布的公告，草案的说明、审议结果报告等，应当及时在全国人大常委会公报和中国人大网以及在全国范围内发行的报纸上刊载；要求全国人大常委会工作机构加强立法宣传工作，通过多种形式发布立法信息、介绍情况、回应关切；要求全国人大常委会工作机构编制立法技术规范；等等。

（四）明确规定基层立法联系点制度

基层立法联系点是把立法机关和基层群众连接在一起的"民意直通车"，利于在立法中倾听民意、了解民情、汇聚民智、发扬民主。建立基层立法联系点，是党的十八届四中全会作出的决策部署。自2015 年设立 4 个基层立法联系点以来，全国人大常委会法工委在 31个省、自治区、直辖市共设立了 31 个基层立法联系点和 1 个立法联系点，截至 2022 年 12 月，已有 142 部法律草案征求基层立法联系点的意见，收集了 1.5 万多条意见，采纳了 2800 多条意见，真正实现了人民民主和国家意志相统一。基层立法联系点是国家立法机关直接联系基层群众的有效渠道，是全过程人民民主的生动实践。

党的二十大报告提出："健全吸纳民意、汇集民智工作机制，建设好基层立法联系点。"2023 年《立法法》修改，为了更好体现立法坚持全过程人民民主的要求，根据党中央精神和实践做法，增加规定："全国人民代表大会常务委员会工作机构根据实际需要设立基层立法联系点，深入听取基层群众和有关方面对法律草案和立法工作的意见。""省、自治区、直辖市和设区的市、自治州的人民代表大会常务委员会根据实际需要设立基层立法联系点，深入听取基层群众和有关方面对地方性法规、自治条例和单行条例草案的意见。"

（五）增补国家监察委员会相关立法事项

适应监察体制改革需要，2018 年宪法修正案在国家机构体系中增设监察机关这一重要国家机关，并规定国家监察委员会是最高国家监察机关。这使国家监察委员会与国务院一样成为《立法法》规范的重要立法参与主体。全国人大常委会于 2019 年作出决定，对国家监察委员会制定监察法规的事项、程序和不得与宪法法律相抵触的要求等作了规定。宪法设置监察机关后，全国人大及其常委会对有关国家机关组织的法律做了相应修改，明确了监察机关与人大及其常委会的关系。其中，2021 年修改后的《全国人民代表大会组织法》增加规定，国家监察委员会可以向全国人大及其常委会提出属于全国人大及其常委会职权范围内的议案。这里的议案，当然包括制定法律方面的议案。

此次修改《立法法》，在立法权限的规定中明确，监察委员会的产生、组织和职权的事项，只能制定法律；在有关法律制定程序的规定中明确，国家监察委员会可以向全国人大及其常委会提出法律案。为维护法制统一，修改后的《立法法》还明确规定，国家监察委员会制定的监察法规，须报全国人大常委会备案。为加强法规的备案审查，还增加规定，国家监察委员会认为行政法规、地方性法规、自治条例和单行条例同宪法或者法律相抵触，或者存在合宪性合法性问题的，可以向全国人大常委会书面提出进行审查的要求。

（六）完善地方立法权限和程序机制

地方性法规和规章的立法权限，是立法学者高度关注的问题。有关省市在推进立法创新或担负立法先行先试任务时，常常面临涉及按修改前《立法法》规定只能制定法律的事项或者需要突破现行上位法规定的具体制度（事项）问题。就设区的市来说，2015 年修改的《立法法》在赋予所有设区的市立法权的同时，对其可以立法的事项划定了范围。尽管后来全国人大常委会法工委对此作了宽松化的解释，依然未能满足或解决设区的市在某些重要领域的立法需求。其中比较突出的就是基层治理。近年来各地积极探索基层治理创新，努力提升基层治理效能和服务水平，取得了明显的成就，亟待以立法形式把基层治理实践中好的做法及时固定下来，并为进一步探索基层治理创新提供有效引领。《立法法》修改总结过去八年地方立法的实践经验，在设区的市可以行使地方立法权的事项中增加"基层治理"内容，并将"环境保护"事项修改为"生态文明建设"。可以说是切中了实践需求，具有十分重要的意义。

建立区域协同制定地方性法规制度，并确认相关地方人大立法机关可以建立立法协同工作体制机制，是地方立法的又一个重大创新。按照全面深化改革的统一部署，国家贯彻新发展理念，实施区域协调发展战略，协调发展体制机制不断健全，有力推动了各地区合理分工、优势互补，经济增长潜力逐步显现。一个阶段以来，部分地方立法机关创新协同立法工作机制，探索协同制定的相关地方性法规，取得了良好效果。《立法法》专设一条，明确规定省级和设区的市的人大及其常委会根据区域协调发展的需要，可以协同制定地方性法规，在本行政区域或者有关区域内实施；可以建立区域协同立法工作机制。同时，扩大了规章的制定主体，根据有关法律规定和实践需要，在部门规章制定主体中增加规定"法律规定的机构"。这就使协同制定地方性法规和建立协同立法工作机制有了具体明确的法律依据，为地方在法治轨道内推动区域协调发展，特别是建立健全区域协调发展体制机制提供了有力的法律依据。

四、科学立法、民主立法、依法立法的基本内涵

科学立法、民主立法、依法立法是立法工作中密不可分、相辅相成的有机整体。科学立法是关键要素，既在方法论上为立法工作提供指导，又在价值层面衡量立法质量的高低。民主立法是目标依托，立法权源于人民、为了人民，提升加强立法的人民性和民主性，将使立法决策更加符合人民群众需求和客观实际，改善立法质量，增进立法实效。依法立法是基本前提，不依法制定的法律，缺乏合宪性与合法性前提，其科学性和民主性更无从谈起。三者统一于完善以宪法为核心的中国特色社会主义法律体系的立法实践。

（一）科学立法

科学立法的核心在于尊重和体现客观规律，从实际出发，科学合

理地规定公民、法人和其他组织的权利与义务、国家机关的权力与责任，法律规范明确、具体，具有针对性和可执行性，经得起实践和历史的检验。其内涵可从以下三点来理解：

一是尊重和体现经济、政治、文化、社会、生态建设和发展客观规律，使法律适应改革发展稳定需要，更好协调各方利益关系。立法工作必须以现实国情作为根本依据，不能脱离和超越新时代中国特色社会主义的基本范畴与客观约束。因地制宜意味着立法要根据我国基本国情和本部门、本地区的实际情况，实现原则性与灵活性的统一。全国性立法重在解决全局性根本性的问题，需要体现全局性规律或某一领域的一般规律；地方性立法则应根据本地实际情况和客观需要，体现局部性规律和有针对性地解决本地域问题，地方立法要坚持不抵触、有特色、可操作性、重实效原则，不同地域的立法可相互借鉴，但应避免相互抄袭。因时制宜意味着立法要根据实际情况和实际需要把握立法时机，考虑立法条件是否成熟，不能盲目加快立法进度，盲目追求立法上的大而全。立法者通过扎实细致地调查研究，了解立法问题所在，准确把握不同时期、不同地域经济社会发展需要和人民群众的利益意见，在体系化的立法理论指导下科学研判立法需求，区分轻重缓急，使每一项立法都符合客观实际要求。

二是科学合理地规定公民、法人和其他组织的权利与义务、国家机关的权力与责任。立法本身就是为人民提供行为规范和指引的一项活动，具体表现为法律关系主体设定权利和义务以及相应的权力与责任。立法对各种利益取舍和协调的结果，最终总是通过对各种权利和义务或权力和责任的设定体现出来。我国《宪法》第三十三条第四款规定："任何公民享有宪法和法律规定的权利，同时必须履行宪法和法律规定的义务。"《宪法》第五十一条还规定："中华人民共和国公民在行使自由和权利的时候，不得损害国家的、社会的、集体的利益和其他公民的合法的自由和权利。"这就要求立法以公民行使权利和履行义务一致为基础，不能允许任何人只享受权利而不履行义务，也不能允许任何人只履行义务而不享受权利，任何人都没有超越法律的特权。在立法工作中，究竟应当如何科学合理地设定权利和义务，应当从实际出发，尊重立法本身的规律性。国家机关及其工作人员代表国家执行国家职能，其权力属于国家和人民，而不属于其单位，更不属于其个人。从这种意义上说，国家机关的职权也是职责，不得放弃或转让，否则就是失职。我国《宪法》第二十七条第二款规定："一切国家机关和国家工作人员必须依靠人民的支持，经常保持同人民的密切联系，倾听人民的意见和建议，接受人民的监督，努力为人民服务。"这就要求立法对权力的行使进行监督，要以法律制约权力，防止权力的滥用；同时保证国家机关工作的效率和责任。

三是遵循立法自身规律，吸收借鉴古今中外立法经验，以法律规范体系的合理性、合法性、合逻辑性作为科学评判标准。立法者应遵循和把握立法活动自身规律。遵循立法技术规范是遵循立法自身活动规律的必然要求。立法技术规范包括结构规范、语言规范、修改规范、废止规范、解释规范、授权立法规范、法典编纂规范等。立法技术规范科学与否对立法质量有直接重大影响。以语言规范为例，立法语言规范要求法律条文表述应力求准确、严谨，实现法律用语的标准统一；应简洁、平易，避免内容和表述上的重复；应使用法言法语，避免照抄照搬政策文件。在立法过程中，应该注重吸收中国传统法治经验和国外法治经验中的合理元素。应有海纳百川的心态、放眼全球的视野，对国外的先进立法经验，有选择地吸收消化，为我所用。法律规范体系的合理性标准包括：立法选择合理、立法内容合理、立法过程合理；合法性标准包括实质合法与形式合法两方面；合逻辑性标准包括立法"同一"、立法"无矛盾"、立法"排中"和立法理由"充足"。

四是立法科学与否要接受社会实践和改革发展的检验。立法必须从中国实际出发，解决中国的实际问题，并且以中国的实践来检验。习近平总书记指出："科学立法是处理改革和法治关系的重要环节。要实现立法和改革决策相衔接，做到重大改革于法有据、立法主动适应改革发展需要。在研究改革方案和改革措施时，要同步考虑改革涉及的立法问题，及时提出立法需求和立法建议。实践证明行之有效的，要及时上升为法律。实践条件还不成熟、需要先行先试的，要按照法定程序作出授权。对不适应改革要求的法律法规，要及时修改和废止。要加强法律解释工作，及时明确法律规定含义和适用法律依据。"[1]习近平总书记的论述不仅是我国立法的一般性经验，也是我国立法的规律总结。

（二）民主立法

民主立法的核心在于为了人民，依靠人民。要完善科学立法、民主立法机制，创新公众参与立法方式，广泛听取各方面意见和建议。

---

[1] 习近平：《论坚持全面依法治国》，中央文献出版社 2020 年版，第 37 页。

坚持人民主体地位，使法律充分体现人民意志，是新时代立法工作的核心价值与现实依托。民主立法是保证人民有序参与立法、凝聚社会共识，实现社会主义民主政治的内在要求，是坚持党的领导、人民当家作主和依法治国有机统一的具体体现，是坚持和发展全过程人民民主，尊重和保障人权，保障和促进社会公平正义在立法工作中的集中反映。其内涵可从以下三点来理解：

一是立法应当体现人民意志。我国《宪法》第二条第一款规定："中华人民共和国的一切权力属于人民。"国家活动的根本任务之一，就是确认和保障人民的民主权利特别是当家作主管理国家的权力。从立法内容上，要求立法为了人民，体现人民的意志，维护人民的利益；从立法程序上，要求立法依靠人民，坚持立法公开，保障人民通过多种途径参与立法活动。只有坚持以人民为中心，充分发挥人民代表大会的制度优势，扩大立法公开和立法参与，健全民意征集和采纳机制，不断发展全过程人民民主，才能更好地维护人民利益、反映人民意愿、保障人民权益、增进人民福祉。

二是立法应当发扬社会主义民主，坚持立法公开。立法发扬社会主义民主，是我们党的群众路线在新时代的体现和发展。只有实行坚持群众路线的民主立法，才有可能做到科学正确，才有可能确实反映广大人民群众的最大利益和共同意志。需要特别注意的是：首先，立法活动应当实行在高度民主基础上的集中。即立法不是反映人民的所有意志，而是反映经过选择的有必要提升为国家意志的人民共同意志。其次，坚持群众路线并不等于实行"群众立法"。立法是国家对公共生活秩序规则的规范确认，其属于国家机关的专有活动，必须由享有立法权的国家机关按照法定程序进行，而不能采取所谓"大民主"方式的讨论和表决。防止滥用立法职权、个人独断或不尽立法职守等问题。最后，民主立法自始至终都建立在少数人对多数人的意见和法定程序的服从的前提之下，从而有助于体现国家整体利益。

三是立法应当保障人民群众通过多种途径参与立法活动。在我国，人民群众不应该是法律、法规、规章的被动接受者，而应该是立法的积极参与者。这就要求立法工作中要保障人民群众通过多种途径参与立法活动，倾听群众的意见。人民参与立法活动的基本途径有两种：一是间接参与立法活动，即通过人民自己选举出的人民代表反映人民关于立法的意见，表达自己的意志。二是直接参与立法活动，即通过参加有关立法的调查会、讨论会，或通过报纸、杂志媒体，以及各种社会组织，直接发表立法意见。实践中，全国人大及其常委会制定法律，通过召开座谈会、论证会、听证会听取各方面意见；书面征求中央国家机关、单位、全国人大代表、地方人大常委会、高校和科研机构的意见；开展立法调研，听取地方意见，等等，形成了较为成熟的做法。法律草案向社会公布、征求公众意见是民主立法的重要形式。设立基层立法联系点是立法直接听取基层群众意见的又一项制度创新。

（三）依法立法

依法立法的核心在于立法应当符合宪法的规定、原则和精神，依照法定的权限和程序，从国家整体利益出发，维护社会主义法制的统一、尊严、权威。党的十九大报告把依法立法与科学立法、民主立法并列为立法原则，就是要解决越权立法、重复立法、法出多门、部门利益和地方保护主义法律化等问题，把握立法正确方向、依法严格进行授权立法，维护国家法制统一。其内涵可从以下三点来理解：

一是立法应当符合宪法的规定、原则和精神。坚持依法立法，首先要坚持依宪立法。《立法法》修改，突出依法立法首先应当依宪法立法的理念，将"遵循宪法的基本原则"修改为"符合宪法的规定、原则和精神"，丰富了依法立法原则的内涵，也拓展了对立法进行合宪性审查的解释空间。依宪立法的核心精神，就是要维护宪法作为根本法的法律权威。一切法律法规的制定都必须以宪法为依据，宪法规定了国家根本制度和根本任务，凡是必须由制定、修改和解释宪法才能有效完成的立法任务，都不能简单地通过制定法律法规的方式来虚化宪法所具有的制度功能。

二是立法应当依照法定的权限和程序。广义的立法权包括立法的提案权、审议权、表决权、公布权和监督权。立法权限法定即指立法的提案权、审议权、表决权、公布权、监督权的获得和行使都要由法律明确规定。一切立法活动都应当有一定的程序，而且这类程序必须由法律加以明确规定。确立完善的立法程序有助于民众参与立法过程，增加立法的民主性。

三是立法应当从国家整体利益出发。为维护国家的法制统一和尊严，立法者应从国家整体利益出发，对各种利益关系进行科学合理的调整。社会主义立法对利益的调整，必须从国家的整体利益出发。国家整体利益体现的是人民的共同意志和根本利益。从国家整体利益出发并不是取消局部利益和眼前利益，并不影响地方立法反映地方的实际情况和需要、充分发挥地方立法的积极性。而是为了协调好整体利益与局部利益、与眼前利益的关系，做到主次有序兼顾各方面各种利益。

五、科学民主依法立法的意义要求

（一）科学民主依法立法的重要意义

第一，科学立法、民主立法、依法立法，是党领导人民不断完善社会主义国家制度和国家治理体系，不断深化对共产党执政规律、社会主义建设规律、人类社会发展规律和立法规律的认识，总结立法实践经验而确立的核心命题。

2000 年 3 月，九届全国人大三次会议通过《立法法》，作为规范国家立法制度和立法活动，维护社会主义法治统一的重要法律，该法第四、五、六条分别就立法的合宪（依法）性、民主性、科学性问题作出规定，初步明确了我国立法制度的基本原则。2001 年 3 月，九届全国人大四次会议的常委会工作报告中提出"力争做到立法决策的民主化、科学化"。2006 年 3 月，十届全国人大四次会议表决通过的《中华人民共和国国民经济和社会发展第十一个五年规划纲要》提出"贯彻依法治国基本方略，推进科学立法、民主立法，形成中国特色社会主义法律体系"的目标任务。2007 年 10 月，党的十七大报告明确提出"要坚持科学立法、民主立法，完善中国特色社会主义法律体系"。2011 年 1 月 24 日，在全国人大常委会召开的形成中国特色社会主义法律体系座谈会上，吴邦国委员长宣布，一个立足中国国情和实际、适应改革开放和社会主义现代化建设需要、集中体现党和人民意志的，以宪法为统帅，以宪法相关法、民法商法等多个法律部门的法律为主干，由法律、行政法规、地方性法规等多个层次的法律规范构成的中国特色社会主义法律体系已经形成。

2012年，党的十八大报告提出，"要推进科学立法、严格执法、公正司法、全民守法"。2014年，党的十八届四中全会作出全面推进依法治国的重大决定，强调建设中国特色社会主义法治体系，必须坚持立法先行，发挥立法的引领和推动作用，抓住提高立法质量这个关键，要恪守以民为本、立法为民理念，贯彻社会主义核心价值观，使每一项立法都符合宪法精神、反映人民意志、得到人民拥护。习近平总书记指出："要坚持立法先行，坚持立改废释并举，加快完善法律、行政法规、地方性法规体系，完善包括市民公约、乡规民约、行业规章、团体章程在内的社会规范体系，为全面推进依法治国提供基本遵循。"①2017年，党的十九大报告提出："推进科学立法、民主立法、依法立法，以良法促进发展、保障善治。"推动立法工作在"四个全面"战略布局中，发挥越来越重要的作用。2019年，党的十九届四中全会决定提出，完善立法体制机制，坚持科学立法、民主立法、依法立法，不断提高立法质量和效率。2022年10月，党的二十大报告对完善以宪法为核心的中国特色社会主义法律体系提出新的部署要求，并通过修改《立法法》将科学立法、民主立法、依法立法原则全面贯彻落实到立法制度当中。

---

① 《习近平谈治国理政》第二卷，外文出版社2017年版，第119页。

第二，科学立法、民主立法、依法立法，是坚持以习近平法治思想为指导、坚持党对立法工作的全面领导、坚持人民主体地位、坚持改革和立法的辩证统一、坚持倡导和弘扬社会主义核心价值观，开展新时代立法工作必须遵循的基本原则。

习近平总书记指出："推进科学立法、民主立法，是提高立法质量的根本途径。科学立法的核心在于尊重和体现客观规律，民主立法的核心在于为了人民、依靠人民。要完善科学立法、民主立法机制，创新公众参与立法方式，广泛听取各方面意见和建议。"①《立法法》在第一章"总则"中明确规定了科学立法、民主立法、依法立法三项法定原则。其一，第 5 条规定了（依宪）依法立法原则："立法应当符合宪法的规定、原则和精神，依照法定的权限和程序，从国家整体利益出发，维护社会主义法制的统一、尊严、权威。"其二，第 6 条规定了民主立法原则："立法应当坚持和发展全过程人民民主，尊重和保障人权，保障和促进社会公平正义。立法应当体现人民的意志，发扬社会主义民主，坚持立法公开，保障人民通过多种途径参与立法活动。"其三，第 7 条规定了科学立法原则："立法应当从实际出发，适应经济社会发展和全面深化改革的要求，科学合理地规定公民、法人和其他组织的权利与义务、国家机关的权力与责任。法律规范应当明确、具体，具有针对性和可执行性。"

需要指出的是，将"科学立法"放在三项原则之首，并作为新时代法治建设十六字方针（"科学立法、严格执法、公正司法、全民守

---

① 《中国共产党第十八届中央委员会第四次全体会议文件汇编》，人民出版社 2014 年版，第 84 页。

法")之首，体现着鲜明的时代要求。其原因在于：2010 年之前，立法工作的宗旨是"有法可依"，需要以"大胆探索、先易后难、有比没有好、宜粗不宜细"的方式快速立法，实现法律制度的全覆盖。进入新时代，立法宗旨转为提高立法质量，实现立法科学化精细化。《立法法》表述为："为了规范立法活动，健全国家立法制度，提高立法质量，完善中国特色社会主义法律体系，发挥立法的引领和推动作用，保障和发展社会主义民主，全面推进依法治国，建设社会主义法治国家"。

第三，科学立法、民主立法、依法立法，是彰显国家立法的性质特点、确保国家法制秩序统一、指引国家立法的发展方向、评价立法优劣与价值实现程度的重要标尺。

深入推进科学立法、民主立法、依法立法，有利于立法主体站在社会主义政治与法治相结合的高度来认识和把握立法，使立法工作在习近平法治思想指导下，通过法治保证党的路线方针政策和决策部署贯彻执行；有利于贯彻法治精神和法治理念，从大局上统筹人大立法、政府立法、地方立法，统筹立改废释纂等多种立法形式，增强立法系统性、整体性、协同性、时效性；有利于从实际出发，协调立法活动中的各种关系，按照国民经济和社会发展及生态保护的客观规律开展立法活动；有利于从人民群众重大关切出发，通过法治保障人民当家作主，体现立法的人民性和民主性；有利于统一立法的主旨和精神，使立法活动和法律制度上下有序、内外协调、体系融贯、价值一体。

（二）完善科学民主依法立法的体制机制

第一，健全完善高效的立法工作协调机制。立法协调是立法机关在立法过程中，就法案中涉及的相关问题，组织有关国家机关或组织、区域、个人进行探讨、协调、会商，达成共识并做出决定的活动。要明确立法机关特别是人大常务委员会工作机构的立法工作协调责任，在创制、修改、废除、解释、编纂、清理法律文件及进行备案审查时，充分有效地平衡协调利益关系、解决具体问题、听取和吸纳企事业单位、社会组织、人民团体、各领域专家及公众意见。要发挥党对立法协调的领导核心作用，立法规划计划、重要立法项目、立法中的重大事项等向党委请示报告，凡立法涉及重大体制和重大政策调整的，必须报党委讨论决定。要确保政府在立法协调中的依托保障，发挥政府起草法案、提案以及便于执法检查、评估评价，发现问题并及时修改完善的优势。完善社会各界参与立法选项和立法听证，完善第三方评估制度，向社会公开评估报告及报告采纳情况，调动社会公众参与积极性，提高立法参与质量。

第二，建立系统的立法论证咨询机制。立法论证咨询的具体形式包括：（1）立法计划项目论证。即委托有关大学、科研机构组成专家论证组，对项目进行专题论证，提出论证报告。（2）参与法律法规的起草、审议、修改、清理及立法监督工作。由立法机关提出立法调研题目，通过书面征求意见、组织开展课题研究、召开座谈会论证会等多种形式听取意见建议。（3）对法律法规草案有关问题存在重大分歧意见或者涉及利益关系重大调整，需要集中听取专家学者意见的，可以依照有关规定邀请专家学者参加听证会听取意见。（4）各级立法机关还可以委托高水平研究机构或专家团队开展立法前、立法中和立法后的独立评估，提出理性科学的评估报告，立法机关应对评估报告中的批评性意见及时进行吸收反馈。

第三，建立智能化的立法信息技术支撑体系。针对我国立法需求旺盛、立法意见来源复杂等特点，借助网络爬虫技术和数据深度学习手段，将各方面产生的立法相关数据全部拉通，把散见于各领域、多模态的数据信息有机整合起来。对各类立法需求和立法意见相关数据开展重要性、可信性评估，筛选出专业性强、质量高的数据源，结合领域专家、法学专家的知识经验，从立法的必要性、可行性、成熟度、紧迫性等方面对立法需求和立法意见进行多维度分析，构建立法意见要素分析框架和意见主题分类体系，形成有价值的立法意见数据，结果及时提供给党委、人大、政府的立法工作作为决策参考。在智能化立法信息数据库基础上，再采取专家辅助判断立法条件和立法规划方案调研，形成立法需求充分收集、立法意见精准识别、立法规划科学制定、立法资源合理配置的信息技术支撑体系。

"法律是治国之重器，良法是善治之前提"。新时代立法工作在《立法法》护航之下，必将持续完善以宪法为核心的中国特色社会主义法律体系，全面推进国家各方面工作法治化，铸牢善治的良法根基。我们要以"良法善治"为指针，充分发挥《立法法》作为"管法的法"的制度优势，加强人大对立法工作的组织协调，改革完善立法体制机制，推进科学民主依法立法，为建设更高水平的法治中国而奋斗。

参考文献

《邓小平文选》第二卷，人民出版社 1994 年版。

《邓小平文选》第三卷，人民出版社 1993 年版。

《习近平谈治国理政》第一卷，外文出版社 2018 年版。

《习近平谈治国理政》第二卷，外文出版社 2017 年版。

《习近平谈治国理政》第四卷，外文出版社 2022 年版。

习近平：《论坚持党对一切工作的领导》，中央文献出版社 2019 年版。

习近平：《论坚持全面依法治国》，中央文献出版社 2020 年版。

习近平：《在首都各界纪念现行宪法公布施行 30 周年大会上的讲话》，人民出版社 2012 年版。

习近平：《出席第三届核安全峰会并访问欧洲四国和联合国教科文组织总部、欧盟总部时的演讲》，人民出版社 2014 年版。

习近平：《在庆祝全国人民代表大会成立 60 周年大会上的讲话》，人民出版社 2014 年版。

习近平：《在庆祝澳门回归祖国 15 周年大会暨澳门特别行政区第四届政府就职典礼上的讲话》，《人民日报》2014 年 12 月 21 日。

习近平：《坚持、完善和发展中国特色社会主义国家制度与法律制度》，《求是》2019 年第 23 期。

《习近平主席在出席世界经济论坛 2017 年年会和访问联合国日内瓦总部时的演讲》，人民出版社 2017 年版。

习近平：《高举中国特色社会主义伟大旗帜　为全面建设社会主义现代化国家而团结奋斗——在中国共产党第二十次全国代表大会上的报告》，人民出版社 2022 年版。

中共中央文献研究室编：《习近平关于全面依法治国论述摘编》，中央文献出版社 2015 年版。

中共中央文献研究室编：《习近平关于社会主义政治建设论述摘编》，中央文献出版社 2017 年版。

中共中央宣传部、中央全面依法治国委员会办公室编：《习近平法治思想学习纲要》，人民出版社、学习出版社 2021 年版。

《习近平张德江俞正声王岐山分别参加全国两会一些团组审议讨论》，《人民日报》2015 年 3 月 7 日。

《习近平在中国政法大学考察时强调　立德树人德法兼修抓好法治人才培养　励志勤学刻苦磨炼促进青年成长进步》，《人民日报》2017 年 5 月 4 日。

《习近平在中共中央政治局第三十五次集体学习时强调　坚定不移走中国特色社会主义法治道路　更好推进中国特色社会主义法治体系建设》，《人民日报》2021 年 12 月 8 日。

《习近平在中国人民大学考察时强调　坚持党的领导传承红色基因扎根中国大地　走出一条建设中国特色世界一流大学新路》，《人民日报》2022 年 4 月 26 日。

邓正来：《中国法学向何处去——建构"中国法律理想图景"时代的论纲》（第二版），商务印书馆 2011 年版。

公丕祥主编：《中国法制现代化的进程》（上），中国人民公安大学出版社 1991 年版。

吕世伦、姚建宗：《略论法制现代化的概念、模式和类型》，载南京师范大学法制现代化中心编：《法制现代化研究》第一卷，南京师范大学出版社 1995 年版。

朱景文主编：《法理学》，中国人民大学出版社 2021 年版。

《中共中央关于全面推进依法治国若干重大问题的决定》，人民出版社 2014 年版。

《中国共产党第十八届中央委员会第四次全体会议文件汇编》，人民出版社 2014 年版。

［法］保罗·科利：《哲学主要趋向》，商务印书馆 1988 年版。

［德］贡德·弗兰克：《白银资本——重视经济全球化中的东方》，刘北成译，中央编译出版社 2000 年版。

［美］斯蒂芬·M. 菲尔德曼：《从前现代主义到后现代主义的美国法律思想：一次思想航行》，中国政法大学出版社 2005 年版。

[美]斯塔夫里阿诺斯:《全球通史——1500 年以前的世界》,吴象婴,梁赤民译,上海社会科学院出版社 1988 年版。

冯玉军:《"法治"的历史阐释及其对现实的启示》,《法学家》2003 年第 4 期。

冯玉军:《中国法治的发展阶段和模式特征》,《浙江大学学报(人文社会科学版)》2016 年第 3 期。

冯玉军:《习近平法治思想确立的实践基础》,《法学杂志》2021 年第 1 期。

高绍林、张宜云:《人工智能在立法领域的应用与展望》,《地方立法研究》2019 年第 1 期。

黄文艺:《推进中国式法治现代化构建人类法治文明新形态——对党的二十大报告的法治要义阐释》,《中国法学》2022 年第 6 期。

李林:《开启新时代中国特色社会主义法治新征程》,《环球法律评论》2017 年第 6 期。

刘笑伟:《律令如山军威壮》,《解放军报》2018 年 12 月 3 日。

刘作翔:《法制现代化概念、释义和实现目标》,《宁夏社会科学》1993 年第 3 期。

周强:《全面落实司法责任制,切实提升审判质效和司法公信力》,《人民司法》2019 年第 19 期。

张文显:《习近平法治思想研究(上)》,《法制与社会发展》2016 年第 2 期。

张文显:《习近平法治思想的基本精神和核心要义》,《东方法学》2021 年第 1 期。

张文显:《全面推进国家各方面工作法治化认真做好"全面推进"的重点工作》,《法制与社会发展》2022 年第 6 期。

中国法学会立法学研究会秘书处:《不断推进基层立法联系点制度发展和实践创新——中国法学会立法学研究会"基层立法联系点的实践与理论研讨会"发言摘报》,《人大研究》2022 年第 7 期。

中华人民共和国国务院新闻办公室:《中国特色社会主义法律体系》白皮书,2011 年 10 月发表。

中华人民共和国国务院新闻办公室:《"一国两制"下香港的民主发展》白皮书,2021 年 12 月发表。

《法治中国建设规划(2020—2025 年)》,《人民日报》2021 年 1 月 11 日。

视频索引

本视频摘自人民出版社制作的"深入学习贯彻党的二十大精神"学习辅导系列视频课之《在法治轨道上全面建设社会主义现代化国家》，该视频课主讲人为本书作者冯玉军教授。

后　记

本书向国内外读者展示了新时代中国法治建设在理论、实践和制度上取得的伟大成就，通过深入系统、权威可靠的分析研究，增强了新时代中国法治的信度与效度，证成了迈向中国式法治现代化的必要性与可行性，彰显了在党的领导下走中国特色社会主义法治道路的真理力量、实践意义，更加坚定建设中国特色社会主义法治的道路自信、理论自信、制度自信、文化自信。

本书写作以习近平法治思想为指导，党的十八大、十九大、二十大报告和法治建设有关的全会决定和《习近平关于全面依法治国论述摘编》《习近平法治思想学习纲要》是本书写作的重要文献。笔者近年在习近平法治思想和全面依法治国研究领域发表的系列论著是本书写作的良好基础。主要著作包括：《迎接法治新时代》（中国人民大学出版社 2015 年 4 月版）；《法论中国》（清华大学出版社 2015 年 2 月版）；《法治中国：中西比较与道路模式》（北京师范大学出版社 2017 年 1 月版）；《中国法治的道路与特色》（中国社科文献出版社 2017 年 6 月版）；《全面推进依法治国新征程》（中英文版）（中国人民大学出版社 2017 年 8 月版）；等等。

出版之际，要特别感谢人民出版社将本书纳入重点图书，并给予无微不至的关心支持，感谢编辑们的认真校对与高效工作，确保这本书顺利付梓。

冯玉军

2023 年 5 月 28 日于世纪城寓所

总 策 划：王 彤
策划编辑：陈 登　徐媛君　冀红梅
责任编辑：徐媛君
特邀编校：李春林
封面设计：石笑梦

图书在版编目（CIP）数据

在法治轨道上建设中国式现代化/冯玉军 著 . — 北京：人民出版社，2023.11
ISBN 978 - 7 - 01 - 025912 - 3

I. ①在…　II. ①冯…　III. ①社会主义法治 - 建设 - 研究 - 中国　IV. ① D920.0

中国国家版本馆 CIP 数据核字（2023）第 165031 号

在法治轨道上建设中国式现代化
ZAI FAZHI GUIDAO SHANG JIANSHE ZHONGGUOSHI XIANDAIHUA

冯玉军　著

人民出版社 出版发行
（100706　北京市东城区隆福寺街 99 号）

北京中科印刷有限公司印刷　新华书店经销

2023 年 11 月第 1 版　2023 年 11 月北京第 1 次印刷
开本：710 毫米 ×1000 毫米 1/16　印张：12.75
字数：139 千字

ISBN 978 - 7 - 01 - 025912 - 3　定价：42.00 元

邮购地址 100706　北京市东城区隆福寺街 99 号
人民东方图书销售中心　电话（010）65250042　65289539